读书有法，阅读有道

陈 昊 张 怡 \ 主 编
贺达豪 何琴琴 \ 副主编

西南财经大学出版社
Southwestern University of Finance & Economics Press
中国 · 成都

图书在版编目(CIP)数据

读书有法,阅读有道/陈昊,张怡主编.—成都:西南财经大学出版社,2022.12
ISBN 978-7-5504-5387-6

Ⅰ.①读… Ⅱ.①陈…②张… Ⅲ.①读书方法 Ⅳ.①G792

中国版本图书馆 CIP 数据核字(2022)第 095812 号

读书有法,阅读有道
DUSHU YOU FA,YUEDU YOU DAO
陈 昊 张 怡 主 编
贺达豪 何琴琴 副主编

责任编辑:杜显钰
责任校对:金欣蕾
封面设计:何东琳设计工作室
责任印制:朱曼丽

出版发行	西南财经大学出版社(四川省成都市光华村街 55 号)
网　　址	http://cbs.swufe.edu.cn
电子邮件	bookcj@swufe.edu.cn
邮政编码	610074
电　　话	028-87353785
照　　排	四川胜翔数码印务设计有限公司
印　　刷	郫县犀浦印刷厂
成品尺寸	165mm×230mm
印　　张	12.5
字　　数	166 千字
版　　次	2022 年 12 月第 1 版
印　　次	2022 年 12 月第 1 次印刷
书　　号	ISBN 978-7-5504-5387-6
定　　价	35.00 元

本书编委会

序

让读书为终身发展提供源源不竭的动力

阅读是人类获取知识、增长智慧的重要方式，是一个国家、一个民族精神发育、文明传承的重要途径。党的十八大以来，以习近平同志为核心的党中央高度重视全民阅读，党的十八大报告提出“开展全民阅读活动”。2014年以来，“全民阅读”连续多年被写入政府工作报告。《中华人民共和国国民经济和社会发展第十四个五年规划和2035年远景目标纲要》提出“深入推进全民阅读，建设‘书香中国’”。在新的历史条件下，深入开展全民阅读对提高公民的思想道德素质和科学文化素质，培育和践行社会主义核心价值观，传承中华优秀传统文化，全面建设社会主义现代化国家和实现中华民族伟大复兴的中国梦都具有重大而深远的意义。

习近平总书记曾说：“我爱好挺多，最大的爱好是读书，读书已成为我的一种生活方式。”他不仅自己读书，还号召大家爱读书、读好书、善读书。中国是一个有着悠久阅读传统的国家，诗书继世之风绵延数千年，历代伟人名家无不以书籍为友、以阅读为伴。近年来，我国推进“全民阅读”工程，成效显著，全国各地的阅读指数稳步上升。在文化复兴和文化强国建设的大背景下，越来越多的青年人加入读书的大浪潮中。读书不仅是一种生活，更是一种时尚。

关于读书的重要性，每个人的心中定会有自己的见解，在我看来，阅读是使人终生受益的良习，为一个人的终身发展提供源源不断的动力。读者可以在一本书中发现与感知角色，接收作者传达的思想及讯息，让更多的观点交流碰撞，了解他人的想法并完善自身。随着时间的推移，阅读带来的不仅仅是知识本身，更是对生活的调剂和人格的塑造。阅读能让读者学会独立思考，学会批判质疑，学会自律自省，学会与孤独相处。学海无涯，读者若能悟出读书之道，则能将人类文明长河中的无数精神财富、文化瑰宝，一一收入囊中，使自身更专业、思想更深刻。

“工欲善其事，必先利其器。”读书须以正确的方法为前提，读书有法，阅读有道，才能有所收获。掌握了有效的读书方法就好比掌握了钥匙，有了钥匙就能开启哲学、天文、经济、物理等众多学科的大门。时常听有些人抱怨书难读，我认为大多是因为其缺乏正确的读书方法。浅尝辄止、囫囵吞枣，结果只知皮毛，当然领会不了作者传达的思想，也感受不到泛舟学海、上下求索的乐趣。读书不能追求速度与绝对数量，而要精读细读、循序渐进，在读的过程中思考、感悟、升华。

我也读过一些介绍读书方法的书，如《古今名人读书法》《名人读书方法 100 例》《读书的方法与技巧》等。这些图书或摘录古人的读书语录，或介绍名人的读书方法。《读书有法，阅读有道》与这些图书的不同之处在于，它将读书的原理、读书的方法、读书的心得结合起来，从本体论、方法论、实践论层面编辑了理论篇、方法篇、范例篇三个篇章，力图诠释读书之道、读书之法、读书之行，颇具特色。在理论篇，本书选取了鲁迅的《读书杂谈》、胡适的《怎样读书》、干天全的《读书的几点认知》等作品，阐释了读书的意义与价值；在方法篇，本书介绍了孔子的“四个结合”读书法、华罗庚的“厚薄”法、培根的“尝·吞·嚼”读书法等，展示了中外名家独特、高效的阅读方法，以期给读者提供阅读指导；在范例篇，本书分享了老舍的《〈红楼梦〉并不是梦》、舒大刚的《学术与治理结合的成功尝试——读钱海新著〈中华传统文化当代价值论〉》及梁中和的《答薄伽丘的爱情之问》等书评，讲述了读书收获，让读者有更加直观的阅读体验。

总体而言，本书的编写思路较新、体例编排较新、内容较新。本书具有以下几个特点：

一是注重理论性与实践性相结合。本书不只阐述读书之道、读书之法，还收录了一些书评或读书笔记，让读者活学活用，在写作实践中对读书方法有更切实的体验。科学的读书方法虽然具有借鉴价值，但阅读是如人饮水之事，读者唯有亲身去体验，才能冲破既成观念的束缚，深谙其道，将他人之果实咀嚼消化，为自身补充营养。

二是注重经典性与时代性相结合。书籍的宇宙广袤浩瀚、星辰繁复，历经时间检验的不可复刻的经典是本书的首要选择。本书选取古人对读书之高见，以及今人对新时代应如何阅读之卓识；在读书方法上涉及古今中外名家的心得体会，望读者在汲取精华之时与经典共振，滋养灵魂。为充分彰显时代特征，本书还选取了当代读者的书评与读书感悟。这些书评与读书感悟旨在说明，读者无论通过何种媒介进行阅读，都需要甄别良莠、博采众长，读有所感、读有所获。

三是注重文化性与教育性相结合。本书不仅收录了实用的阅读方法，还收录了谈读书经历与感受的文章，让读者在提升阅读技巧的同时享受阅读的快乐，浓厚的文化气息让本书摆脱工具类书籍缺乏趣味性和可读性的桎梏，使其生动、为其赋魅。另外，从编排体例上看，每篇前都撰写了导读，引导读者阅读每篇内容、精准理解。该书既可以作为大众文化类书籍，也可以作为阅读与写作参考用书。

我是一个读书爱好者，多年来一直坚持读书、思考读书、享受读书。愿本书的出版能够给大家带来独特的阅读感悟与体验，使大家提升阅读水平，也希望大家在读书中不断完善自我、砥砺奋进，为提升文化修养、追求更高的人生境界提供源源不竭之动力。

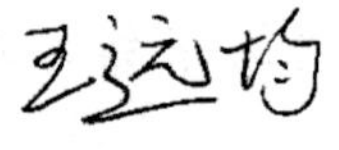

2022 年 12 月

目　录

理论篇

方法篇

范例篇

理论篇

莎士比亚曾说："书籍是全世界的营养品。生活里没有书籍，就好像大地没有阳光；智慧里没有书籍，就好像鸟儿没有翅膀。"大多时候，我们读书，读的是一种心境。偷得浮生半日闲，赌书消得泼茶香，好不快活！

古今中外颂扬读书的文章恒河沙数。这些文章从不同角度阐述读书的意义与重要性，向我们展现作者在读书过程中的酸甜苦辣。王国维先生认为"古今之成大事业、大学问者，必经过三种之境界"，殊不知，读书也是一种人生境界。鲁迅先生告诫我们要活读书，如他在《读书杂谈》中写道："专读书也有弊病，所以必须和实社会接触，使所读的书活起来。"胡适先生提倡"精博"读书法，发出"为学当如埃及塔，要能博大要能高"的感叹。干天全先生结合多年研究与育人经验，写下"开卷获益，贵在鉴别；书不在多，悟求深切；灵活学用，务创新得；博学有为，立言立德"的32字读书箴言。累言烦絮，犹不足以道读书意义的万一。不如走进名家的世界，跟随他们的作品去探求读书的真知，让我们更加懂得读书背后的深层逻辑。

王国维：读书的境界[①]

有有我之境，有无我之境。“泪眼问花花不语，乱红飞过秋千去”“可堪孤馆闭春寒，杜鹃声里斜阳暮”，有我之境也；“采菊东篱下，悠然见南山”“寒波澹澹起，白鸟悠悠下”，无我之境也。有我之境，以我观物，故物皆著我之色彩；无我之境，以物观物，故不知何者为我，何者为物。古人为词，写有我之境者为多，然未始不能写无我之境，此在豪杰之士能自树立耳。

境非独谓景物也，喜怒哀乐，亦人心中之一境界。故能写真景物、真感情者，谓之有境界；否则谓之无境界。

境界有大小，不以是而分优劣。“细雨鱼儿出，微风燕子斜”，何遽不若“落日照大旗，马鸣风萧萧”!“宝帘闲挂小银钩”，何遽不若“雾失楼台，月迷津渡”也!

词至李后主而眼界始大，感慨遂深，遂变伶工之词而为士大夫之词。周介存置诸温、韦之下，可为颠倒黑白矣。“自是人生长恨水长东”，“流水落花春去也，天上人间”，《金荃》《浣花》能有此气象耶!

古今之成大事业、大学问者，必经过三种之境界。“昨夜西风凋碧树，独上高楼，望尽天涯路”，此第一境也。“衣带渐宽终不悔，为伊消得人憔悴”，此第二境也。“众里寻他千百度，蓦然回首，那人却在灯火阑珊

① 本文由编者根据王国维的《人间词话》整理。

处”，此第三境也。此等语皆非大词人不能道。然遽以此意解释诸词，恐晏、欧诸公所不许也。

大家之作，其言情也必沁人心脾，其写景也必豁人耳目，其辞脱口而出，无矫揉妆束之态。以其所见者真，所知者深也。诗词皆然。持此以衡古今之作者，可无大误也。

诗人对宇宙人生，须入乎其内，又须出乎其外。入乎其内，故能写之；出乎其外，故能观之。入乎其内，故有生气；出乎其外，故有高致。美成能入而不出；白石以降，于此二事皆未梦见。

小贴士：读书的境界就是人生的境界，境界有大小而无优劣，书有好坏而读书无高低。在读书时，既要有有我之境，又要有无我之境，既能入乎其内，又能出乎其外，在历经艰辛困苦之后，必将柳暗花明、豁然开朗。

鲁迅：读书杂谈[①]

因为知用中学的先生们希望我来演讲一回，所以今天到这里和诸君相见。不过我也没有什么东西可讲。忽而想到学校是读书的所在，就随便谈谈读书。是我个人的意见，姑且供诸君的参考，其实也算不得什么演讲。

说到读书，似乎是很明白的事，只要拿书来读就是了，但是并不这样简单。至少，就有两种：一是职业的读书，一是嗜好的读书。所谓职业的读书者，譬如学生因为升学，教员因为要讲功课，不翻翻书，就有些危险的就是。我想在座的诸君之中一定有些这样的经验，有的不喜欢算学，有的不喜欢博物，然而不得不学，否则，不能毕业，不能升学，和将来的生计便有妨碍了。我自己也这样，因为做教员，有时即非看不喜欢看的书不可，要不这样，怕不久便会于饭碗有妨。我们习惯了，一说起读书，就觉得是高尚的事情，其实这样的读书，和木匠的磨斧头，裁缝的理针线并没有什么分别，并不见得高尚，有时还很苦痛，很可怜。你爱做的事，偏不给你做，你不爱做的，倒非做不可。这是由于职业和嗜好不能合一而来的。倘能够大家去做爱做的事，而仍然各有饭吃，那是多么幸福。但现在的社会上还做不到，所以读书的人们的最大部分，大概是勉勉强强的，带着苦痛的为职业的读书。

---

① 本文最初发表于1927年8月18日、19日、22日的广州《民国日报》副刊《现代青年》第179期、第180期、第181期。

现在再讲嗜好的读书罢。那是出于自愿，全不勉强，离开了利害关系的。——我想，嗜好的读书，该如爱打牌的一样，天天打，夜夜打，连续的去打，有时被公安局捉去了，放出来之后还是打。诸君要知道真打牌的人的目的并不在赢钱，而在有趣。牌有怎样的有趣呢，我是外行，不大明白。但听得爱赌的人说，它妙在一张一张地摸起来，永远变化无穷。我想，凡嗜好的读书，能够手不释卷的原因也就是这样。他在每一页每一页里，都得着深厚的趣味。自然，也可以扩大精神，增加智识的，但这些倒都不计及，一计及，便等于意在赢钱的博徒了，这在博徒之中，也算是下品。

不过我的意思，并非说诸君应该都退了学，去看自己喜欢看的书去，这样的时候还没有到来；也许终于不会到，至多，将来可以设法使人们对于非做不可的事发生较多的兴味罢了。我现在是说，爱看书的青年，大可以看看本分以外的书，即课外的书，不要只将课内的书抱住。但请不要误解，我并非说，譬如在国文讲堂上，应该在抽屉里暗看《红楼梦》之类；乃是说，应做的功课已完而有余暇，大可以看看各样的书，即使和本业毫不相干的，也要泛览。譬如学理科的，偏看看文学书；学文学的，偏看看科学书，看看别个在那里研究的，究竟是怎么一回事。这样子，对于别人，别事，可以有更深的了解。现在中国有一个大毛病，就是人们大概以为自己所学的一门是最好，最妙，最要紧的学问，而别的都无用，都不足道的，弄这些不足道的东西的人，将来该当饿死。其实是，世界还没有如此简单，学问都各有用处，要定什么是头等还很难。也幸而有各式各样的人，假如世界上全是文学家，到处所讲的不是“文学的分类”便是“诗之构造”，那倒反而无聊得很了。

不过以上所说的，是附带而得的效果，嗜好的读书，本人自然并不计及那些，就如游公园似的，随随便便去，因为随随便便，所以不吃力，因为不吃力，所以会觉得有趣。如果一本书拿到手，就满心想道，“我在读书了！”“我在用功了！”那就容易疲劳，因而减掉兴味，或者变成苦差事了。我看现在的青年，为兴味的读书的是有的，我也常常遇到各样的询问。此刻就将我所想到的说一点，但是只限于文学方面，因为我不明白其他的。

第一，是往往分不清文学和文章。甚至于已经来动手做批评文章的，也免不了这毛病。其实粗粗地说，这是容易分别的。研究文章的历史或理论的，是文学家，是学者；做做诗，或戏曲小说的，是做文章的人，就是古时候所谓文人，此刻所谓创作家。创作家不妨毫不理会文学史或理论，文学家也不妨做不出一句诗。然而中国社会上还很误解，你做几篇小说，便以为你一定懂得小说概论，做几句新诗，就要你讲诗之原理。我也尝见想做小说的青年，先买小说法程和文学史来看。据我看来，是即使将这些书看烂了，和创作也没有什么关系的。

事实上，现在有几个做文章的人，有时也确去做教授。但这是因为中国创作不值钱，养不活自己的缘故。听说美国小名家的一篇中篇小说，时价是二千美金；中国呢，别人我不知道，我自己的短篇寄给大书铺，每篇卖过二十元。当然要寻别的事，例如教书，讲文学。研究是要用理智，要冷静的，而创作须情感，至少总得发点热，于是忽冷忽热，弄得头昏，——这也是职业和嗜好不能合一的苦处。苦倒也罢了，结果还是什么都弄不好。那证据，是试翻世界文学史，那里面的人，几乎没有兼做教授的。

还有一种坏处，是一做教员，未免有顾忌；教授有教授的架子，不能畅所欲言。这或者有人要反驳：那么，你畅所欲言就是了，何必如此小心。然而这是事前的风凉话，一到有事，不知不觉地他也要从众来攻击的。而教授自身，纵使自以为怎样放达，下意识里总不免有架子在。所以在外国，称为“教授小说”的东西倒并不少，但是不大有人说好，至少，是总难免有令人发烦的炫学的地方。

所以我想，研究文学是一件事，做文章又是一件事。

第二，我常被询问：要弄文学，应该看什么书？这实在是一个极难回答的问题。先前也曾有几位先生给青年开过一大篇书目。但从我看来，这是没有什么用处的，因为我觉得那都是开书目的先生自己想要看或者未必想要看的书目。我以为倘要弄旧的呢，倒不如姑且靠着张之洞的《书目答问》去摸门径去。倘是新的，研究文学，则自己先看看各种的小本子，如本间久雄的《新文学概论》，厨川白村的《苦闷的象征》，瓦浪斯基们的《苏俄的文艺论战》之类，然后自己再想想，再博览下去。因为文学的理论不像算学，二二一定得四，所以议论很分歧。如第三种，便是俄国的两派的争论，——我附带说一句，近来听说连俄国的小说也不大有人看了，似乎一看见“俄”字就吃惊，其实苏俄的新创作何尝有人绍介，此刻译出的几本，都是革命前的作品，作者在那边都已经被看作反革命的了。倘要看看文艺作品呢，则先看几种名家的选本，从中觉得谁的作品自己最爱看，然后再看这一个作者的专集，然后再从文学史上看看他在史上的位置；倘要知道得更详细，就看一两本这人的传记，那便可以大略了解了。如果专是请教别人，则各人的嗜好不同，总是格不相入的。

第三，说几句关于批评的事。现在因为出版物太多了，——其实有什么呢，而读者因为不胜其纷纭，便渴望批评，于是批评家也便应运而生。批评这东西，对于读者，至少对于和这批评家趣旨相近的读者，是有用的。但中国现在，似乎应该暂作别论。往往有人误以为批评家对于创作是操生杀之权，占文坛的最高位的，就忽而变成批评家；他的灵魂上挂了刀。但是怕自己的立论不周密，便主张主观，有时怕自己的观察别人不看重，又主张客观；有时说自己的作文的根底全是同情，有时将校对者骂得一文不值。凡中国的批评文字，我总是越看越糊涂，如果当真，就要无路可走。印度人是早知道的，有一个很普通的比喻。他们说：一个老翁和一个孩子用一匹驴子驮着货物去出卖，货卖去了，孩子骑驴回来，老翁跟着走。但路人责备他了，说是不晓事，叫老年人徒步。他们便换了一个地位，而旁人又说老人忍心；老人忙将孩子抱到鞍鞒上，后来看见的人却说他们残酷；于是都下来，走了不久，可又有人笑他们了，说他们是呆子，空着现成的驴子却不骑。于是老人对孩子叹息道，我们只剩了一个办法了，是我们两人抬着驴子走。无论读，无论做，倘若旁征博引，结果是往往会弄到抬驴子走的。

不过我并非要大家不看批评，不过说看了之后，仍要看看本书，自己思索，自己做主。看别的书也一样，仍要自己思索，自己观察。倘只看书，便变成书橱，即使自己觉得有趣，而那趣味其实是已在逐渐硬化，逐渐死去了。我先前反对青年躲进研究室，也就是这意思，至今有些学者，还将这话算作我的一条罪状哩。

听说英国的萧伯纳有过这样意思的话：世间最不行的是读书者。因为他只能看别人的思想艺术，不用自己。这也就是勖本华尔之所谓脑子里给别人跑马。较好的是思索者。因为能用自己的生活力了，但还不免是空想，所以更好的是观察者，他用自己的眼睛去读世间这一部活书。

这是的确的，实地经验总比看，听，空想确凿。我先前吃过干荔枝，罐头荔枝，陈年荔枝，并且由这些推想过新鲜的好荔枝。这回吃过了，和我所猜想的不同，非到广东来吃就永不会知道。但我对于萧的所说，还要加一点骑墙的议论。萧是爱尔兰人，立论也不免有些偏激的。我以为假如从广东乡下找一个没有历练的人，叫他从上海到北京或者什么地方，然后问他观察所得，我恐怕是很有限的，因为他没有练习过观察力。所以要观察，还是先要经过思索和读书。总之，我的意思是很简单的：我们自动的读书，即嗜好的读书，请教别人是大抵无用，只好先行泛览，然后抉择而入于自己所爱的较专的一门或几门；但专读书也有弊病，所以必须和现实社会接触，使所读的书活起来。

小贴士：无论是职业读书还是嗜好读书，都有各自的好处。研究文学和做文章虽有不同，但都离不开读书，只有自己观察、自己思索，将所感所悟同社会实际结合起来，才能把书读活，进而活读活用。

胡适：怎样读书[①]

我们平时读书的时候，所感到的有三个问题：一是要读什么书，二是读书的功用，三是读书的方法。

关于要读什么书的一个问题，在《京报》上已经登了许多学者所选定的"青年必读书"，不过这于青年恐怕未必有多大的好处，因为都是选者依照个人的主观的见解选定的，还不如读青年自己所爱的书好。

读书的功用，从前的人无非是为做官，或者以为读了书，"颜如玉""黄金屋"一类的东西就会来，现在可不然了，知道读书是求智识、为做人。

读书的方法，据我个人的经验，有两个条件：一是精，二是博。

一、精

从前有"读书三到"的读书法，实在是很好的；不过觉得三到有点不够，应该有四到，是眼到、口到、心到、手到。

眼到，是个个字都要认得。中国字的一点一捺，外国的 a、b、c、d，一点也不可含糊，一点也不可放过。那句话初看似很容易，然而我国人犯

---

① 本文为 1925 年 10 月 23 日胡适在上海中华职业学校的演讲稿，原载于 1925 年 11 月 6 日的《时事新报·学灯副刊》。

这个错误毛病的偏是很多，记得有人翻译英文，误“port”为“pork”，于是“葡萄酒”一变而为“猪肉”了。这何尝不是眼不到的缘故。谁也知道，书是集字而成的，这是字不能认清，就无所谓读书，也不必求学。

口到，前人所谓口到是把一篇文章能烂熟地背出来。现在虽没有人提倡背书，但我们如果遇到诗歌以及有精彩的文章，总要背下来，它至少能使我们在作文的时候得到一种好的影响，但不可模仿。中国书固然要如此，外国书也要那样去做。进一步说，念书能使我们懂得他文法的结构，和其他的关系。我们有时在小说和剧本上遇到好的句子，尚且要把他记下来，那关于思想学问上的，更是要紧了。

心到，是要懂得每一句、每一字的意思。做到这一点，要有外的帮助，有三个条件：

一是参考书，如字典、辞典、类书等。平常说：“工欲善其事，必先利其器。”我们读书，第一要工具完备。

二是做文法上的分析。

三是有时须比较、参考、融汇、贯通，往往几个平常的字，有许多解法，倘是轻忽过去，就容易出错误来。例如，英文中的一个“turn”字，作外动字解有 15 解，作内动字解有 13 解，作名词解有 26 解，共有 54 解。又如“strike”，作外动字解有 31 解，作内动字解有 16 解，作名词解有 18 解，共有 65 解。又如“go”，作内动字解有 22 解，作外动字解有 3 解，作名词解有 9 解，共有 34 解。又如中文的“言”字，“于”字，“维”字，都是有意义很多的，只靠自己的能力有时固然看不懂，字典里也查不出来，到了这时候非参考比较和融会贯通不可了。

还有前人关于“心到”很重要的几句话，把他来说一说。宋人张载说：“读书先要会疑，于不疑处有疑，方是进矣。”又说：“在可疑而不疑者，不曾学，学则须疑。”“学贵心悟，守旧无功。”

手到，何谓手到？手到有几个意思：标点分段、查参考书、做札记。

札记分为四种：

（甲）抄录备忘。

（乙）提要。

（丙）记录心得。记录心得也很重要，张横渠曾说："心中苟有所开，即便札记，不思，则还塞之矣。"

（丁）参考诸书而融会贯通之，作有系统之文章。

手到的功用，可以帮助心到。我们平常所吸收进来的思想，无论是听来的，或者是看来的，不过在脑子里有一点好或坏的模糊而又零碎的东西罢了。倘若费一番功夫，把它芟除的芟除，整理的整理，综合起来作为札记，然后那经过整理和综合的思想，就永久留在脑中，于是这意思就属于自己的了。

二、博

"博"就是什么书都要读。中国人所谓"开卷有益"，原也是这个意思。我们为什么要博呢？有两个答案：第一，博是为参考；第二，博是为做人。

博是为参考。有几个人为什么要戴眼镜呢？（学时髦而戴眼镜的，不在此问题内。）干脆答一句：是因看不清楚，戴了眼镜以后，就可以看清楚了。现在戴了眼镜，看是清楚的，可是不戴眼镜的时候看去还是糊涂的。王安石先生《答曾子固书里》说："读经而已，则不足以知经，顾某自百家诸子之书，至《难经》《素问》《本草》诸小说，无所不读；农夫女工，无所不问；然后于经为能知其大体而无疑。盖后世学者与先生之时异矣；不如是，不足以尽圣人故也。……致其知而后读，以有所去取，故异学不能乱也。唯其不能乱，故能有所去取者，所以明吾道而已。"

他说"读经而已，则不足以知经"，我们要推开去说：读一书而已，则不足以知其书。比如我们要读《诗经》，最好先去看一看北大的《歌谣周刊》，便觉《诗经》容易懂。倘若研究一点文字学、校勘学、伦理学、心理学、数学、光学以后去看《墨子》，就能全明白了。

大家知道的达尔文研究生物演进的状态的时候，费了三十多年光阴，积了许多材料，但是总想不出一个简单的答案来；偶然读那马尔萨斯的《人口论》，便大悟起来，了解了那生物演化的原则。

所以我们应该多读书，无论什么书都读，往往一本极平常的书中，埋伏着一个很大的暗示。书既是读得多，则参考资料多，看一本书，就有许多暗示从书外来。用一句话包括起来，就是王安石所谓的“致其知而后读”。

博是为做人。像旗杆似的孤零零地只有一技之艺的人固然不好，就是说起来什么也能说的人，然而一点也不精，仿佛是一张纸，看去虽大，其实没有什么实质的也不好。我们理想中的读书人是又精又博，像金字塔那样，又大、又高、又尖，所以我说：“为学当如埃及塔，要能博大要能高。”

小贴士：读什么书、读书的功用和读书的方法是读书的三大基本问题。胡适先生对此做了精辟的阐释：读书要“精”也要“博”，为学当如埃及塔，要能博大要能高。

陶行知：读书与用书[①]

一、三种人的生活

中国有三种人：书呆子是读死书，死读书，读书死；工人、农人、苦力、伙计是做死工，死做工，做工死；少爷、小姐、太太、老爷是享死福，死享福，享福死。

二、三帖药

书呆子要动动手，把那呆头呆脑的样子改过来，你们要吃一帖“手化脑”才会好。我劝你们少读一点书，否则在头脑里要长“痞块”咧。工人、农人、苦力、伙计要多读一点书，吃一帖“脑化手”，否则是一辈子要“劳而不获”的。少爷、小姐、太太、老爷！你们是快乐死了。好，愿意死就快快地死掉吧，我代你们挖坟墓。倘使不愿意死，就得把手套解掉，把高跟鞋脱掉，把那享现成福的念头打断，把手儿脑儿拿出来服侍大众，并为大众打算。药在你们自己的身上，我开不出别的药方来。

---

① 本文原载于1934年11月10日的《读书生活》第1卷第1期。

三、读书人与吃饭人

与“读书”联成一气的，有“读书人”一个名词。假使书是应该读的，便应使人人有书读，决不能单使一部分有书读的人叫作读书人，一部分无书读的人叫作不读书人。比如饭是必须吃的，便应使人人有饭吃，决不能使一部分有饭吃的人叫作吃饭人，一部分无饭吃的人叫作不吃饭人。只知道吃饭，不成为饭桶了吗？只知道读书，别的事一点也不会做，不成为一个活书架了吗？

四、吃书与用书

有些人叫作蛀书虫。他们把书儿当作糖吃，甚至于当作大烟吃，吃糖是没有人反对的，但是整天吃糖，不会变成一个糖菩萨吗？何况是连日带夜地抽大烟！怪不得中国的文人，几乎个个黄皮骨瘦，好像鸦片烟鬼一样。我们不能否认，中国是吃书的人多，用书的人少。现在要换一换方针才行。

书只是一种工具，和锯子、锄头一样，都是给人用的。我们与其说“读书”，不如说“用书”。书里有真知识和假知识。读它一辈子，不能分辨它的真假；可是用它一下，书的本来面目便显了出来，真的使用得出去，假的使用不出去。

农人要用书，工人要用书，商人要用书，兵士要用书，医生要用书，画家要用书，教师要用书，唱歌的要用书，做戏的要用书，三百六十行，行行要用书。行行都成了用书的人，真知识才愈益普及。书是三百六十行之公物，不是读书人所能据为私有的。等到三百六十行都是用书人，读书的专利便被完全打破，读书人除非改行，否则便不能混饭吃了。好，我们把我们所要用的书找出来用吧。

用书如用刀，

不快就要磨。

呆磨不切菜，

怎能见婆婆。

五、书不可尽信

孟子说："尽信书则不如无书。"在书里没有上过大当的人绝不能说出这一句话来。连字典有时也不可以太相信。第五十一期的《论语》的《半月要闻》内有这样一条：

据二卷十二期的《图书评论》载：《王云五大辞典》将汤玉麟之承德归入察哈尔，张家口"收回"入河北，瀛台移入"故宫太液池"，雨花台移入南京"城内"，大明湖移出"历城县西北"。

我叫小孩子们查一查《王云五大辞典》，究竟是不是这样。小孩子们的报告是《王云五大辞典》真的弄错了。只有一条不能断定：南京有内城、外城，雨花台是在内城之外的，但是否在外城之内，因家中无志书，回答不出。总之，书不可尽信，连字典都不可尽信。

六、戴东原的故事

书既不可以全信，那么，应当怀疑的地方就得问。学非问不明。戴东原先生在这一点上给了我们一个很好的引导。戴东原先生十岁才能开口讲话。《大学》有经一章，传十章。有一条注解说这一章经是孔子的话，是由曾子写的；那十章传是曾子之意，是由他的门徒记下来的。戴东原先生问塾师怎样知道是如此。塾师说："朱文公（夫子）是这样注的。"他问朱文公是何时人。塾师说："是宋朝人。"他又问孔子和曾子是何时人。塾师说："是周朝人。""周朝离宋朝有多少年代?""差不多是两千年了。""那么，朱文公怎样能知道呢?"塾师答不出，赞叹了一声说："这真是个非常的小孩子呀！"

七、王冕的故事

王冕十岁时，母亲叫他到面前说："儿啊！不是我有心耽误你，只因你父亲死后，我一个寡妇人家，年岁不好，柴米又贵，这几件旧衣服和些旧家伙都当卖了。只靠着我做些针线生活寻来的钱，如何供得你读书？如今没奈何，把你雇到隔壁人家放牛，每月可得几钱银子，你又有现成饭吃，只在明天就要去了。"王冕说："娘说的是。我在学堂里坐着，心里也闷，不如往他家放牛，倒快活些。假如我要读书，依旧可以带几本去读。"王冕自此只在秦家放牛。每日点心钱也不用掉，聚到一两个月，偷空走到村学堂里，见那闯学堂的书客，就买几本旧书，逐日把牛拴了，坐在柳荫树下看。

现在的学校教育是对穷孩子封锁，有钱、有闲、有面子才有书念。我们穷人就不要求学吗？不，社会就是我们的大学。关在门外的穷孩子，我们踏着王冕的脚印来攀上知识的高塔吧。

小贴士：读书有什么用？作者给出了答案："书只是一种工具，和锯子、锄头一样，都是给人用的。"读书如果不用，则学而无果；读书如果不疑，则学而不实；读书如果不恒，则终无所成。

邹韬奋：怎样看书和略谈读书的方法

一、怎样看书[①]

“自修有许多的困难，这是实在的。但这些困难并不是不能克服的。第一，我们要有决心。学校的功课，即使它不是我们所高兴研究的，但我们怕考试不能及格，致不能升级或毕业……不得不勉强读它，至于自修，是没有这种外界的推动力的；是完全出于自动的努力。然而自动的努力所求得的智识，才是我们自己的智识，才能长久地保存着。为要通过考试而读的书，考试一过去，就忘得干干净净了！因受教师之督促而读的书，一离开了学校，就完全抛弃了！只有为自己和出于自己的努力的，才能永续地研究下去……”

这一段话是在《怎样研究新兴社会科学》（柯百年编）一书里面看见的，这似乎是平淡无奇的话，但凡是在社会上服务后感觉到智识上的饥荒的人，对于这几句话想来没有不引起特殊感触的。我们感觉到智识上的饥荒吗？只有下决心，自动地努力于自修，永续地研究下去。一天如至少能勉强抽出时间看一小时的书，普通每小时能看二十页，一年便可看完三四百页一本的书二十几本，四五年便是百余本了，倘能勉强抽出两小时，那

---

① 本文原载于1933年1月7日《生活》杂志。

就要加倍了。记者最近正在编译《革命文豪高尔基》一书，全书约十五万字，已写完了三分之二。其中最令我感动的是高尔基艰苦备尝中的无孔不钻的看书热，我执笔时常独自一人对着他的故事失笑。

不过看书也要辨别什么书，有的书不但不能使人的思想进步，反而使人思想落伍！有位老友从美国一个著名大学留学回来。他是专研政治学的，有一次来看我，很诧异地说道："我近来看到一两本书，里面的理想和见解完全是另一套，和我在学校里所读的完全两样，真是新奇已极！"原来这位仁兄从前所读的都不外乎是为资产阶级捧场或拥护不平等的社会制度的学说，受了充分的麻醉，他的这种"诧异"和"新奇已极"，未尝不是他的幸运，他也许从此可从狗洞里逃出来！

此外关于看书这件事，还有两点可以谈谈。第一点是以我国出版界之幼稚贫乏，能看西文原书的当然愉快，如看译本，糟的实在太多，往往书目很好听，买来看了半天，佶屈聱牙，生吞活剥，莫名其妙！钱是冤花了，时间精神更受了无法追回的莫大的损失！我们诚恳地希望译书的先生们稍稍为读书的人设身处地想想，就是不能使人看了感到愉快，感到读书之乐，至少也要让人看得懂。第二点是在这个言论思想自由的空调尽管唱得响彻云霄的年头儿，看书也有犯罪的可能，常语谓"书中自有颜如玉"，如今"书中"大可引出"铁窗风味"来！什么时候没有这种蛮不讲理的举动，便是什么时候望见了社会的曙光。

二、略谈读书的方法[①]

自从苏联一个又一个的五年经济计划实行奏效之后，经济学家都喜谈"计划经济"，其实不但经济应有计划，就是读书也应该首先有一个计划。有些人读书没有一定的目的，今天随便拿一本看看，过几天又随便拿

① 本文原载于1939年2月1日的重庆《读书月报》第1卷第1期。

一本看看，这样读书，虽不能说他在知识上不是没有一些进步（这当然是指内容正确的书），但是“无政府状态”的读书，收效究竟是很少的。所以我们读书应该首先有一个计划。

读书要有一个计划，必先决定自己所要研究的科目或中心问题。在学校里读书，学校里有着一定的课程，这课程便是学校替学生规定好的读书计划，你决定要读那一科，便须依照那一科的课程读去。这种读书计划比较呆板，不能随着个人的选择而随便更动。但在外国大学院的研究，便比较有伸缩性，要由选定了科目或中心问题的学生，和他们研究的科目或中心问题有关的教授，共同商定读书的计划。在这个计划里，依所商定的时间（一年或二年），根据所欲研究的中心问题，把必须读的书和必须参考的书列举出来，在列举之中把各书的先后和研究的门径与方法都有系统地规定好。整个计划规定之后，学生便依据这个计划，在这位教授经常指导之下，研究下去。这种教授大概都是与某科或某中心问题有关系的专家乃至权威，他对于这一科或这一中心问题，当然彻底知道研究的方法和阅读的门径，对于学者是很有帮助的。学者在这样有计划的指导下，如真能切实研究下去，到了相当的时期，他对于这一科或这一中心问题的学问，可以得到完备的基础，如有志再深造，可做进一步的计划，根据第一个计划做进一步的研究。

我在英伦求学的时候，看到有好些中国的朋友不愿意读学位，认为学位头衔是没有什么意思的，但是遇着他们自己没有一定的读书计划时，我还是劝他们选读一个学位，因为要是选读一个学位，必须经过上面所说的手续，即必须选定一个中心问题，和一个有关系的教授共同商定一个读书计划，多少可以得到有系统的益处，比之没有计划的胡乱阅读有益得多。

以上所谈的虽然是偏于叙述外国大学院里的研究情形，但记者的意思当然不是说读书的人非到外国大学院里去不可，只是要介绍这种有计划的读书的原则，以备有志读书者的参考。

我特别声明，这种有计划读书的原则，在校外自修的人也可以采用的。

此外再举一个例子谈谈。在伦敦的英国博物馆的图书室里，对于每一专学的部门都有很明白的重要著作书目，可供读者随意查阅，非常便利。西文书籍还有一个优点，就是在一书后面，常有很有系统的参考书的介绍，尤其详细的是在书末对于书内每一章的课题都有书目的介绍，这书目的介绍不仅是随便撮举几本为著者所看到的，却是就每一章的课题范围，举出关于研究这个课题所必须看的重要参考书，而且把这些参考书依着程度深浅而排列着。这样的参考书介绍，于读者有极大的帮助，由于名著者或权威所指示的这种参考书介绍，差不多就可以等于该部门专学的读书计划。读者依着这个介绍，在图书馆里简直好像是在掘金矿似的，越“掘”越有趣味。这种办法虽不是在学校里有名师共同商定之读书计划，因为是由于自己努力“掘”出来的，可是有名作家对于某种专学的参考书作有系统的介绍，在原则上也就等于有人领导，至少是读者自己有方法找到名作者的领导。我深深地感到图书馆里的良好的书目分类及著者在书末的有系统的参考书介绍，是帮助我们造成读书计划的最好的工具。在中国，图书馆的设备实在太少而又太贫乏，关于专学的著作，对于参考书作有系统的介绍也不多见，这是使读书的人受到很大的妨碍或不便。我们在这两方面都应该特别努力。

这当然也不是说在现状下我们就绝对不可能有读书计划。我们还是可以尽可能地替自己定下一个读书计划。首先我们要决定哪一部门的学问，或哪一个中心问题，然后根据这个对象，就现在可能得到的书，由浅而深，分成几个研究的阶段，按着规定的时间，有计划地读下去，即不能有三年五年的计划，至少应有一年半载的计划。在这一年半载中，随时随地注意关于这一部门或中心问题的材料。除必要的有关的书籍外，如有充分的时间，其他方面的书报也尽可以看，但却以能够包围着这个中心问题为前提，而不是心目中毫无对象的乱看。这样有计划的读书，才有较大的收获。

对于任何部门的学问，如有意深造，最好能学得阅读一种外国文的能力。只能阅读本国文的人，关于外国的名著，当然也有译本可看，但是在我国译述的缓慢，以及正确译本的不易多得，阅读外国文的能力仍然是很重要的。就是在欧美各国，有志研究较深学问的人，对于一种或两种外国文的阅读能力也是很注重的。例如英国的专科学生，大学教授，大都能够阅读法文或德文的书籍，苏联是大众对于学习最热烈的国家，你在他们的青年学生里面，在他们的学者里面，乃至男女工人里面，随时随地可以发现他们有的能读德文，有的能读法文，有的能读英文。这是因为学术是没有国界的，学习狂愈高，外国文的阅读能力愈有迫切的需要。

能读一种外国文的人，读原文的社会科学的书，比读译文舒服得多迅速得多，也就是可以使读书的效率增加得多。正确的译本不易得，尤其是较深的书，常常易被译者译得“走样”，所以我甚至于感觉到仅能看译本的人看得很多之后，把许多“走样”的知识装满了一脑袋，在思想上也许不免要含有多少危机！所以我要奉劝真有志读书的青年朋友，最好能够学习阅读一种外国文的能力。这并不是一件很难的事情，学习读外国文，只需读得得法，一二年至二三年的努力是可以达到目的的。在我所认识的朋友中，就有不少是自修（开始当然需要人教，但不一定要入学校）外国文而能够阅读外国文书报的。为着自己在学识上的深造起见，这种能力实在值得我们来培养。

小贴士：在信息化时代，人们更容易感到知识上的饥荒。唯有永远保持自修自学的状态，才能与时俱进；唯有制订系统的读书计划，才能针对某一学问或中心问题深入钻研下去。

章衣萍：我的读书的经验[①]

读书月刊编辑顾彻千先生要我写一篇文章，题目是：《我的读书的经验》。这个题目是很有意义的，虽然我不会做文章， 也不能不勉强把我个人的一点愚见写出来。

我幼时第一个教我读书的先生是我的祖父。我的祖父是一个前清的贡生，八股文、古文都做得很好。他壮年曾在乡间教书，后来改经商了，在休宁办了一个小学，他做校长。我的祖父是一个很庄重的人，他不苟言笑。乡间妇女看见都怕他，替他取了一个绰号，叫作“钟馗”。我幼时很怕我的祖父。他教我识字读书，第一件要紧的事是读得熟。我起初念《三字经》，后来念《幼学琼林》，再后来念《孝经》《论语》《孟子》《大学》《中庸》等书。这些书小孩子念来，自然是没有趣味，虽然我的祖父也替我讲解。我的祖父每次替我讲一篇书，或二三页，或四五页，总叫我一气先念五十遍。我幼时记性很好。有时每篇书念五十遍就能背诵了。但我的祖父以为就是能背诵了也不够，一定要再念五十遍或一百遍。往往一篇书每日念到四百遍。有一次我竟念得大哭起来。现在想来， 我的祖父的笨法虽然可笑，但我幼时所读的书到如今还有很多能背诵的。可见笨法也有好用处。

我的第二教我读书的先生是我的父亲。我的父亲是一个商人，读书当

---

① 本文原载于1931年的《读书月刊》第2卷第1期。

然不多。但他有一个很好的信仰，是“开卷有益”。他因为相信宋太宗这句老话，所以对于我幼时看书并不禁止。我进高等小学已经九岁，那时已经读过许多古书，对于那些肤浅的国文教科书颇不满意。那时我寄宿在休宁潜阜店里，傍晚回店，便在店里找着小说来看：起初看的是《三国演义》，《三国演义》总看了至少十次，因为店里的伙计们没事时便要我讲三国故事，所以我不能不下苦功去研究。后来接着看《水浒传》《西游记》《封神传》《说唐》《说岳》《施公案》《彭公案》等书，凡在潜阜找得到、借得到的小说我都看。往往晚上点起蜡烛来看，后来竟把眼睛看坏了。

我的祖父教我读书要读得熟，我的父亲教我读书要读得多。我受了我祖父的影响，所以就是看小说也看到极熟，例如《三国演义》中的孔明祭周瑜的祭文(《三国演义》第五十七回)，孔明的《出师表》(《三国演义》第九十一回)以及曹操在长江中做的诗(《三国演义》第四十八回)，貂蝉在凤仪亭对吕布说的话(《三国演义》第八回)，我都记得很熟。所以有一次高小里先生出了一个题目是《致友书》，我便把“度日如年”(貂蝉对吕布说的)的话用上了。这样不求甚解的熟读书，自然不免有时闹出笑话，因为看小说时只靠着自己的幼稚的理解力，有些不懂的地方也囫囵过去了。这是很危险的，读书读得熟是要紧的，但还有要紧的事是要读得懂。

我受了我父亲的影响，相信“开卷有益”，所以后来在师范学校的两年，对于功课不十分注意，课外的杂志新书却看得很多。那时徽州师范学校的校长是胡子承先生，他禁止学生做白话文，看《新青年》，但他愈禁止，我愈要看。我记得那时《新青年》上发表的胡适之、周作人、刘半农、沈尹默一些人的白话诗，我都背得很熟。我受《新青年》的影响，所以做白话文、白话诗，简直入迷，后来竟因此被学校开除。我现在所以有一些文学趣味全是我的多看书的影响，但我这些影响也有不好的地方，就是我个人看书到现在还是没有条理，多读书免不了乱读，乱读同乱吃东西一样，是有害的。

我十七岁到南京读书，在南京读了一年书后，胡适之先生到南京讲学，我去看他。我问他读书应该怎样读法？他说“应该克期”。克期是一本书拿到手里，定若干期限读完，就该准期读完。胡先生的话是很对的。我后来看书，也有时照着胡先生的话去做，只可惜生活问题压迫我，我在南京、北京读书全是半工半读，有时一本书拿到手里，想克期读完，竟不可能，在我，这是很痛苦的。现在，生活问题还没有解决，而苦痛的病魔又缠绕着我了。几时我才能真正“克期”去读书呢？

我的读书的经验如上面所说，是很简单的：第一，应该读得熟；第二应该读得多；第三，应该克期读书。

我是一个不赞成现代学校制度的人，我主张“普通的自由”（usual liberty），我曾说：

吾国自清代光绪变政，设立学校，同时年级制也输了进来。年级制是以教员为中心，以教科书为工具，聚智愚不同的学生于一级，不问学生的个性，使他们同时学一样的功课，在一个教室内听讲，聪明的人嫌教师讲得太慢，呆笨的人嫌教师讲得太快。聪明的人只得坐在课堂打瞌睡，看小说，混时间，等着呆笨的人的追赶，呆笨的人却整日整夜地忙着，连吃饭、睡觉、如厕都没有工夫，结果还是追赶聪明人不上。所以有一次胡适之先生同我们一班小朋友说笑话：“你们也想进学校吗？我以为学校是为呆笨人而设的。”对呀，现在所谓年级制的学校，的确是为呆笨人而设的。一本陈文编的“算术”，聪明的学生只要两个月就演完了，学校里偏要教上一年半载；一部顾颉刚编的“初中国文”，聪明的学生只要半年就可读完了，学校里偏要教上三年四年。况且在同一时间内，一听要强迫许多学生听同样的干燥乏味的功课，所以有时教员正在堂上津津有味地讲“修身而后家齐，家齐而后国治，国治而后天下平”；学生的头脑里，也许竟在想，“贾宝玉初试云雨情”“景阳冈武松打虎”……（《古庙集》37—38 页）

我是不赞成现在的学校制度的。现代的学校可以使学生得着文凭，却不能包管学生能不能得着学问。老实说：学校教育的用处，不过有几个教员，教学生读书读得懂而已。像上海滩上的一些野鸡大学，流氓教员，他们自己读书读得懂不懂还是一个问题。在今日中国有志读书的人，只有靠着自己，只有靠着自己去用功。

有人说："自己读书，读不懂怎样办呢？"我说："可以去问懂得的人，你的朋友，你的亲戚，你的敬爱的先生，但不一定是在学校里的。"一切参考的书籍、字典，也可以帮助人们读书读得懂。

根据我的一点小小经验，给青年人——有志读书的青年人，进几条忠告：

第一，我以为读书应该多读，应该熟读，应该克期地读。

第二，我以为读书不懂便应该问朋友、亲戚，你所敬爱的先生，或是字典参考书。读书应该每字每句都读懂，"不求甚解"是不对的。

第三，我以为今日中国有志读书的人应该学通英文或日文，以作研究外国学问的工具，单读中国书是不够的，我们应多读外国书。

我的话虽然简单而且浅薄呵，希望对于有志读书的中国青年，有一点小小的用处！

小贴士：对短小精悍的经典可以采取"熟读"的形式，类似中小学课堂安排的对文言文经典及诗词的背诵；对名著可以采取"多读"的形式以拓展自己的知识面，且不应限于某一门类学科的名著，而应以量为主。

夏丏尊：阅读什么和怎样阅读[①]

一、阅读什么

中学生诸君：

我在这回播音所担任的是中学国语科的节目。国语科有好几个方面，我想对诸君讲的是些关于阅读方面的话。预备分两次讲，一次讲“阅读什么”，一次讲“怎样阅读”。今天先讲“阅读什么”。

让我在未讲到正文以前，先发一句荒唐的议论。我以为书这东西是有消灭的一天的。书只是供给知识的一种工具，供给知识其实并不一定要靠书。试想，人类的历史不知已有多少年，书的历史比较起来是很短很短的。太古的时代并没有书，可是人类也竟能生活下来，他们的知识远不及近代人，却也不能说全没有知识。足见书不是知识的唯一的来源，要得知识并不一定要靠书的了。古代的事，我们只好凭想象来说，或者有些不可靠，再看现在的情形吧。今天的讲演是用无线电播送给诸君听的，假定听的有一万个人，如果我讲得好，有益于诸君，那效力就等于一万个人各读了一册“读书法”或“读书指导”之类的书了。我们现在除了无线电话以外还有电影可以利用，历史上的事件，科学上的制造，如果用电影来演

① 本文是向全国中学生作的广播稿，原载于 1936 年 1 月的《中学生》。

出，功效等于读历史书和科学书。假定有这么一天，无线电话和电影发达得很进步普遍，放送的材料有人好好编制，适于各种人的需要，那么书的用处会逐渐消灭，因为这些利器已可代替书了。我们通过想象知道太古时代没有书，将来也可不必有书，书的需要可以说是一种过渡时代的现象。

今天所讲的题目是“阅读什么”，方才这番议论好像有些荒唐，文不对题。其实我的意思只是想借此破除许多读书的错误观念。我也承认书本在今日还是有用的，我们生存在今日，要学知识，最普通、最经济的方法还是读书。可是一向传下来的读书观念，很有许多是错误的。有些人把读书认为是高尚的风雅事情，把书本当作玩好品、古董品，好像书这东西与实际生活无关，读书是实际生活以外的消遣工作。有些人把书认为是唯一的求学的工具，以为所谓求知识就是读书的别名，书本以外没有知识的来路。这两种观念都是错误的，犯前一种错误的以一般人为多，犯后一种错误的大概是青年人，尤其是日日手捏书本的中学生诸君。

我以为书只是求知识的工具之一，我们为了要生活，要使生活的技能充实，就得求知识。所谓知识，绝不是什么装饰品，只是用来应付生活，改进生活的技能。譬如说，我们因为要在自然界中生存，要知道利用自然界理解自然界的情形，才去学习物理、化学和算学等科目；我们因为要在这世界上做人，才去学习世界情形，修习世界史和世界地理等科目；我们因为要做现在的中国人民，才去学习本国历史、地理、公民等科目。学习的方法可有各式各样，有时须用实验的方法，有时须用观察的方法，有时须用演习的方法，并不一定都依靠书。只因为书是文字写成的，文字是最便利的东西，可把世间一切的事情，一切的道理都记载出来，印成了书，随时随地可以翻看，所以书就成了求知识的重要的工具，值得大众来阅读了。

以上是我对于书的估价，下面就要讲到今天的题目“阅读什么”了。

青年人应该读些什么书？这是一个从古以来的大问题，对于这问题从古就有许多人发表过许多议论，近十年来这问题也着实热闹，有好几位先生替青年开过书目单，其中比较有名的是梁启超先生和胡适之先生所开的单子。诸君之中想必有许多人见过这些单子的。我今天不想再替诸君另开单子，只想大略地告诉诸君几个着手的方向。

我想把读书和生活两件事连成一气、打成一片来说，在我的见解，读书并不是风雅的勾当，是改进生活、丰富生活的手段，书籍并不是茶余酒后的消遣品，乃是培养生活上知识技能的工具。一个人该读些什么书，看些什么书，要依了他自己的生活来决定、来选择。我主张把阅读的范围，分成三个，一是关于自己的职务的，二是参考用的，三是关于趣味或修养的。举例子来说，做内科医生的，第一应该阅读的是关于内科的书籍杂志，这是关于自己职务的阅读，属于第一类。次之是和自己的职务无直接关系，可以作研究上的参考，使自己的专门知识更丰富确切的书，如因疟疾的研究，而注意到蚊子的种类，便去翻某种生物学书；因了疟蚊的分布，便去翻阅某种地理书；因了某种药物的性质，便去查检某种植物书、矿物书；因了某一词的怀疑，便去翻查某种辞典。这是参考的阅读，属于第二类。再次之，这位医生除了医生的职务以外，当然还有趣味或修养的生活。在趣味方面，他如果是喜欢下围棋的，不妨看看关于围棋的书，如果是喜欢摄影的，不妨看看关于摄影的书，如果是喜欢文艺的，不妨看看诗歌、小说一类的书。在修养方面，他如果是有志于品性的修炼的，自然会去看名人传记或经典格言等类的书，如果是觉得自己身体非锻炼不可的，自然会去看游泳、运动等类的书。这是趣味或修养方面的阅读，属于第三类。第一类关于职务的书是各人不相同的，银行家该阅读的书和工程师不同，农业家该阅读的书和音乐家不同。第二类的参考书，是因了专门业务的研究随时牵涉到的，也不能划出一定的种数。至于第三类的关于趣味或修养的书，更该让各个人自由分别选定。总而言之，读书和生活应该有密切的关联。

上面我把阅读的范围分为三个，一是关于职务的，二是参考的，三是关于趣味或修养的。下面我将根据这几个原则对中学生诸君讲“阅读什么”的问题。

先讲关于职务的阅读。诸君的职务是什么呢？诸君是中学生，职务就在学习中学校的各种功课。诸君将来也许会做官吏、做律师、开商店、做教师，各有各的职务吧，现在却都在中学校受着中等教育，把中学校所规定的各种功课，好好学习，就是诸君的职务了。诸君在职务上该阅读的书不是别的，就是学校规定的各种教科书。诸君对于我这番话也许会认为无聊吧，也许有人说，我们每日捧了教科书上课堂、下课堂，本来天天在和教科书做伴侣，何必再要你来嘈杂呢？可是，我说这番话，自信态度是诚恳的。不瞒诸君说，我也曾当过许多年的中学教师，据我所晓得的情形，中学生里面能够好好地阅读教科书的人并不十分多。有些中学生喜欢读小说，随便看杂志，把教科书丢在一边，有些中学生爱读英文或国文，看到理化算学的书就头痛。这显然是一种偏向的坏现象。一般的中学生虽没有这种偏向的情形，也似乎未能充分地利用教科书。教科书专为学习而编，所记载的只是各种学科的大纲，原并不是什么了不得的著作，但对于学习还是有价值的工具。学习一种功课，应该以教科书为基础，再从各方面加以扩充，加以比较、观察、实验、证明等种种切实的工夫，并非胡乱阅读几遍就可了事。举例来说，国语科的读书，通常是用几篇选文编成的，假定一册国文读本共有三十篇文章，你光是把这三十篇文章读过几遍，还是不够，你应该依据这些文章做种种进一步的学习，如文法上的习惯咧、修辞上的方式咧、断句和分段的式样咧，诸如此类的事项，你都须依据这些文章来学习，收得扼要的知识才行。仅仅记牢了文章中所记的几个故事或几种议论，不能算学过国语一科的。再举一个例来说，算学教科书里有许多习题，你得一个一个地演习，这些习题，一方面是定理或原则的实际上的应用，一方面是使你对于已经学过的定理或原则更加明了的。例如四则问题有种种花样，龟鹤算咧、时计算咧、父子年岁算咧，你如果只演习了一个个的习题，而不能发现这些习题中的共通的关系或法则，也不好称为已学会了四则。依照这条件来说，阅读教科书并非容易简单的工作了。中学科目有十几门，每门的教科书先该平均地好好阅读，因为学习这些科目是诸君现在的职务。

次之讲到参考书。如果诸君之中有人问我，关于某一科应看些什么参考书？我老实无法回答。我以为参考书的需要因特种的题目而发生，是临时的，不能预先决定。干脆地说，对于第一种职务的书籍阅读得马马虎虎的人，根本没有阅读参考书的必要。要参考，先得有题目，如果心里并无想查究的题目，随便拿一本书来东翻西翻，是毫无意味的傻事，等于在不想查生字的时候去胡乱翻字典。就国语科举例来说，诸君在国语教科书里读到一篇陶潜的《桃花源记》，如果有不曾明白的词儿，得翻辞典，这时辞典(假定是《辞源》)就成了参考书。这篇文章是晋朝人做的，如果诸君觉得和别时代人所写的情味有些两样，要想知道晋代文的情形，就会去翻中国文学史(假定是谢无量编的《中国文学史》)，这时文学史就成了诸君的参考书。这篇文章里所写的是一种乌托邦思想，诸君平日因了师友的指教，知道英国有一位名叫马列斯的社会思想家写过一本《理想乡消息》和陶潜所写的性质相近，拿来比较，这时，《理想乡消息》就成了诸君的参考书。这篇文章是属于记叙一类的，诸君如果想明白记叙文的格式，去翻看《记叙文作法》(假定是孙俍工编的)，这时《记叙文作法》就成了诸君的参考书。还有，这篇文章的作者叫陶潜，诸君如果想知道他的为人，去翻《晋书·陶潜传》或《陶集》，这时《晋书》或《陶集》就成了诸君的参考书。这许多参考书是因为有了题目才发生的，没有题目，参考无从做起，学校图书室虽藏着许多的书，诸君自己虽买有许多的书，也毫无用处。国语科如此，别的科目也一样。诸君上历史课听教师讲英国的工业革命一课，如果对于这件历史上的事迹发生了兴趣或问题，就自然会请问教师得到许多的参考书，图书馆里藏着的《英国史》，各种经济书类，以及近来杂志上所发表过的和这事有关系的单篇文字，都成了诸君的参考书了。所以，我以为参考书不能预先开单子，只能照了所想参考的题目临时来决定。在去图书馆寻参考书以前，我们应该先问自己，我所想参考的题目是什么？有了题目，不知道找什么书好，这时可以问教师、问朋友查书目的，最怕的是连题目都没有。

上面所讲的是关于参考书的话。再其次要讲第三种关于趣味修养的书了。这类的书可以说是和学校功课无关的，不妨全然照了自己的嗜好和需要来选择。一个人的趣味是会变更的，一时喜欢绘画的人，也许不久会喜欢音乐，喜欢文学的人，也许后来会喜欢宗教。至于修养，方面更广，变动的情形更多。在某时候觉得自己身心上的缺点在甲方面，该补充矫正。过了些时，也许会觉得自己身心上的缺点在乙方面，该补充矫正了。这种自然的变更，原不该勉强拘束，最好在某一时期，勿把目标更动。这一星期读陶诗，下一星期读西洋绘画史，趣味就无法涵养了。这一星期读《曾国藩家书》，下一星期读程、朱语录，修养就难得效果了。所以，我以为这类的书，在同一时期中，种数不必多，选择却要精。选定一二种，预定了时期来好好地读。假定这学期定好了某一种趣味上的书，某一种修养上的书，不妨只管读去，正课以外，有闲暇就读，星期日读，每日功课完毕后读，旅行的时候在车上船上读，逛公园的时候坐在草地上读。如果读到学期完了，还不厌倦，下学期依旧再读，读到厌倦了为止。诸君听了我这番话，也许会骇异吧。我自问不敢欺骗诸君，诸君读这类书，目的不在会考通过，也不在毕业迟早，完全为了自己受用，一种书读一年，读半年，全是诸位的自由，但求有益于自己就是，用不着计较时间的长短。把自己欢喜读的书永久地读，是有意义的。赵普读《论语》，是有名的历史故事，日本有一位文学家名叫坪内逍遥的，新近才死，他活了近八十岁，却读了五十多年的莎士比亚剧本。

我的话已完了。现在来一个结束。我以为：书是供给知识的一种工具，读书是改进生活、丰富生活的手段，该读些什么书要依了生活来决定选择。首先该阅读的是关于职务的书，第二是参考书，第三是关于趣味修养的书。中学生先该把教科书好好地阅读，因为中学生的职务就在学习中学校课程。参考书可因了所要参考的题目去决定，最要紧的是发现题目。至于趣味修养的书可自由选择，种数不必多，选择要精，读到厌倦了才更换。

二、怎样阅读

前天我曾对中学生诸君讲过一次话，题目是“阅读什么”。今天所讲的，可以说是前回的连续题目，是“怎样阅读”。前回讲“阅读什么”，是阅读的种类；今天讲“怎样阅读”，是阅读的方法。

“怎样阅读”和“阅读什么”一样，也是一个老问题，从前已有许多人对于这问题说过种种的话。我今天所讲的也并无前人所没有发表过的新意见、新方法，今天的话是对中学生诸君讲的，我只希望我的话能适合于中学生诸君就是了。

我在前回讲“阅读什么”的时候，曾经把阅读的范围划成三个方面：第一是职务的书，第二是参考的书，第三是趣味修养的书。中学生的职务在学习中学校的课程，中学校的各科教科书属于第一类；学习功课的时候须有别的书籍做参考，这些参考书属于第二类；在课外选择些合乎自己个人趣味或有关修养的书来阅读，这是第三类。今天讲“怎样阅读”，也仍想依据这三个方面来说。

先讲第一类关于诸君职务的书，就是教科书。摆在诸君案头的教科书有两种性质可分，一种是有严密的系统的，一种是没有严密的系统的。如算学、理化、地理、历史、植物、动物等科的书，都有一定的章节，一定的前后次序，这是有系统的。如国文读本，英文读书，就定不出严密的系统，一篇韩愈的《原道》可以收在初中国文第一册，也可以收在高中国文第二册；一篇富兰克林的传记，可以摆在初中英文第三册，也可以摆在高中英文第二册。诸君如果是对于自己所用着的教科书留心的，想来早已知道这情形。这情形并不是偶然的，可以说和学科的性质有关。有严密的系统的是属于一般的所谓科学，像国文、英文之类是专以语言文字为对象的，除文法、修辞教科书外，一般所谓读本、教本，都是用来做模范做练习的工具的东西，所以本身就没有严密的系统了。教科书既然有这两种分别，阅读的方法就也应该有不同的地方。

如果把阅读分开来说，一般科学的教科书应该偏重于阅，语言文字的教科书应该偏重在读。一般科学的教科书虽也用了文字写着，但我们学习的目标并不在文字上，譬如说，我们学地理、学化学，所当注意的是地理、化学书上所记着的事项本身，这些事项除图表外还用文字记着，但我们不必专从文字上记忆揣摩，只要从文字去求得内容就够了。至于语言文字的学科就不同，我们在国文教科书里读到一篇文章——假定是韩愈的《画记》，这时我们不但该知道韩愈这个人，理解这篇《画记》的内容，还该有别的目标，如文章的结构、词句的式样、描写表现的方法等等，都得加以研究。如果读韩愈的《画记》，只知道当时曾有过这样的画，韩愈曾写过这样的一篇文章，那就等于不曾把这篇文章当作国文功课学习过。我们又在英文教科书里读华盛顿砍樱桃树的故事，目的并不在想知道华盛顿为什么砍樱桃树，砍了樱桃树后来怎样，乃是要把这故事当作学习英文的材料，收得英文上种种的法则。所以阅读两个字不妨分开来用，一般科学的教科书应懂它的内容，不必从文字上去瞎费力，只要好好地阅就行，像国文、英文两门是语言文字的功课，应在形式上多用力，只阅不够，该好好地读。

不论是阅还是读，对于教科书该毫不放松，因为这是正式功课，是诸君职务上的工作。有疑难，得去翻字典；有问题，得去查书。这就是所谓参考了。参考书是为用功的人预备的，因为要参考先得有参考的项目或问题。这些项目或问题，要阅读认真的人才会从各方面发现。这理由我在前回已经讲过，诸君听过的想必尚能记忆，不多说了。现在让我来说些阅读参考书的时候该注意的事情。

第一，我劝诸君暂时认定参考的范围，不要把自己所要参考的项目或问题抛荒。我们查字典，大概把所要查的字或典故查出了就满足，不会再分心在字典上的。可是如果是字典以外的参考书，一不小心，往往有辗转跑远的事情。举例来说，你读《桃花源记》，为了“乌托邦思想”的一个项目，去把马列斯的《理想乡消息》来做参考书读，是对的，但你得暂时记住，你所要参考的是“乌托邦思想”，不是别的项目。你不要因读了马列斯的这部《理想乡消息》就把心分到很远的地方去。马列斯是主张美术的，是社会思想家，你如果不留意，也许会把所读的《桃花源记》忘掉，在社会思想咧、美术咧等等的念头上打圈子，从甲方面转到乙方面，再从乙方面转到丙方面，结果会弄得头脑杂乱无章。我们和朋友谈话的时候，常有把话头远远地扯开去，忘记方才所谈的是什么的。这和因为看参考书把本来的题目抛荒，情形很相像。懂得谈话方法的人，碰到这种情形常会提醒对方把话说回来，回到所要谈的事情上去。看参考书的时候，也该有同样的主意，和自己所想参考的题目无直接关系的方面，不该去多分心。

第二，是劝诸君乘参考之便，留意一般书籍的性质和内容大略。除了查检字典和翻阅杂志上的单篇文字以外，所谓参考书者，普通都是一部一部的独立的书籍。一部书有一部书的性质、内容和组织式样，你为了参考，既有机会去见到某一部书，乘便把这一部书的情形知道一些，是并不费事的。诸君在中学里有种种规定要做的工作，课外读书的时间很少，有些书在常识上、将来应用上却非知道不可，例如，我们在中学校里不读《二十五史》《十三经》，但《二十五史》《十三经》是怎样的东西，却是该知道的常识。我们不做基督教徒，不必读圣书，但《新约》和《旧约》的大略内容，却是该知道的常识。如果你读历史课，对于“汉武帝扩展疆土”的题目，想知道得详细一点，去翻《史记》或是《汉书》，这时候你大概会先翻目录吧；你翻目录，一定会见到“本纪”“列传”“表”“志”或“书”等等的名目，这就是《史记》或《汉书》的组织构造。你读了里面的《汉武帝本纪》一篇，或全篇里的几段，再把这些目录看过，你就算是对于《史记》或《汉书》发生过关系，《史记》《汉书》是怎样的书，你可懂得大概了。再举一个例来说，你从植物学或动物学教师口里听到“进化论”的话，你如果想对这题目多知道些详细情形，你可到图书馆去找书来看。假定你找到了一本陈兼善著的《进化论纲要》，你可先阅序文，看这部书是讲什么方面的，再查目录，看里面有些什么项目。你目前所参考的也许只是其中一节或一章，但这全书的概括知识，于你是很有用处的。你能随时留心，一年之中，可以收得许多书籍的概括的大略知识，久而久之，你就知道哪些书里有些什么东西，要查哪些事项，该去找什么书，翻检起来，非常便利。

以上所说的是关于参考书的话。参考书因参考的题目随时决定，阅读参考书的时候，要顾到自己所参考的题目，勿使题目抛荒，还要把那部书的序文、目录留心一下，记个大略情形，预备将来的翻检便利。

以下应该讲的是趣味修养的书，这类的书，我在上回曾经讲过，种数不必多，选择要精。一种书可以只管读，读到厌倦才止。这类的书，也该尽量地利用参考书。例如，你现在正读着杜甫的诗集，那么有时候你得翻翻杜甫的传记、年谱以及别人诗话中对于杜诗的评语等等的书。你如果正读着王阳明的《传习录》，你得翻翻王阳明的集子、他的传记以及后人关于程、朱、陆、王的论争的著作。把自己正在读着的书做中心，再用别的书来做帮助，这样，才能使你读着的书更明白，更切实有味，不至于犯浅陋的毛病。

上面所讲的是三种书的阅读方法。关于阅读两个字的本身，尚有几点想说说。我方才曾把教科书分为两种性质：一种是属于一般的科学的，有严密的系统；一种是属于语言文字的，没有严密的系统。我又曾说过，属于一般科学的该偏重在阅，属于语言文字的，只阅不够，该偏重在读。现在让我再进一步来说，凡是书都是用语言文字写成的，照普通的情形看来，一部书可以含有两种性质：书本身有着内容，内容上自有系统可寻，性质属于一般科学；书是用语言文字写着的，从形式上去推究，就属于语言文字了。一部《史记》，从其内容说是历史，但是也可以选出一篇来当作国文科教材。诸君所用的算学教科书，当然是属于科学一类的，但就语言文字看，也未始不可为写作上的参考模范。算学书里的文章，朴实正确，秩序非常完整，实是学术文的好模样。这样看来，任何书籍都可有两种说法，如果就内容说，只阅就可以了，如果当作语言文字来看，那么非读不可。

这次播音，教育部托我担任的是中学国语科的讲话，我把我的讲话限在阅读方面。我所讲的只是一般的阅读情形，并未曾专就国语一科讲话。诸君听了也许会说我的讲话不合教育部所定的范围条件吧。我得声明，我不承认有许多独立存在的所谓国语科的书籍，书籍之中除了极少数的文法、修辞等类以外，都可以是不属于国语科的。我们能说《论语》《孟子》《庄子》《左传》是国语吗？能说《红楼梦》《水浒传》《三国演义》也是国语吗？可是如果从形式上着眼，当作语言文字来研究，那就没有一种不是国语科的材料，不但《论语》《孟子》《庄子》《左传》是国语，《红楼梦》

《水浒传》《三国演义》也是国语，诸君的物理教科书、植物教科书也是国语，甚至于张三的卖田契、李四的家信也是国语了。我以为所谓国语科，就是学习语言文字的一种功课；把本来用语言文字写着的东西，当作语言文字来研究、来学习，就是国语科的任务。所以我只讲一般的阅读，不把国语科特别提出。这层要请诸位注意。

把任何的书，从语言文字上着眼去学习研究，这种阅读，可以说是属于国语科的工作。阅读通常可分为两种，一是略读，一是精读。略读的目的在理解，在收得内容；精读的目的在揣摩，在鉴赏。我以为要研究语言文字的法则，该注重于精读。分量不必多，要精细地读，好比临帖，我们临某种帖，目的在笔意相合，写字得它的神气，并不在乎抄录它的文字。假定这部帖里共有一千个字，我们与其每日瞎抄一遍，全体写一千个字，倒不如拣选十个或二十个有变化的有趣味的字，每字好好地临几遍，来得有效。诸君读小说，假定是茅盾的《子夜》，如果当作语言文字学习的话，所当注意的不该单是书里的故事，对于书里面的人物描写、叙事的方法、结构照应以及用词、造句等该大加注意。诸君读诗歌，假定是徐志摩的诗集，如果当语言文字学习的话不但该注意诗里的大意，还该留心它的造句、用韵、音节以及表现、着想、对仗、风格等等的方面。语言文字上的变化技巧，其实并不十分多的，只要能留心，在小部分里也大概可以看得出来。假定一部书有五百页，每一页有一千个字，如果第一页你能看得懂，那么我敢保证，你是能把全书看懂的。因为全书所有的语言文字上的法则在第一页一千字里面大概都已出现。举例来说，文法上的法则，像动词的用法、接续词的用法、形容词的用法、助词的用法以及几种句子的结合法，都已出现在第一页了。我劝诸君能在精读上多用力。

由于时间关系，我的话就将结束。我所讲的话，乱杂疏漏的地方自己觉得很多，请诸君带去求教师替我修正。关于中学国语科的阅读，我几年前曾发表过好些意见，所说的话和这回大有些不同。记得有两篇文章，一篇叫作《关于国文的学习》，载在《中学各科学习法》（《开明青年丛书》之一）里，还有一篇叫《国文科课外应读些什么》，载在《读书的艺术》（《中学生杂志丛刊》之一）里，诸君如未曾看到过，请自己去看看，或者对于我这回的讲话，可以得到一些补充。我这无聊的讲话，费了诸君许多课外的时间，对不起得很。

小贴士：夏丏尊先生将阅读的书籍分为职务的书、参考的书及趣味修养的书。不同的书籍对应不同的阅读态度和阅读方法，读与职务紧密相关的书籍要将阅与读结合起来；读相关参考书籍在于其实用，能为今后读书收集信息；读符合自身趣味和提升自身修养的书籍应求精而不求多。总之要选择适合的读书方法。

李公朴：求知识的三条路[①]

知识对于我们的重要，想必大家都已知道的了。我们有了丰富的知识，才可以深切地去认识一切真理，然后才可以依据所认识的真理，去解决我们的一切问题。所以，无论什么人都需要知识，都应该求知识。

现在，虽然有无数人正在感到知识之急迫的需要，因而都在热烈地追求，不过他们有许多都只由于本能的激动，而不是有目的的追求，同时他们误把求知识和读书当作一件事，以为求知识的唯一法门就是读书。这是因为他们不了解什么是知识。读书对于求知识，固然是一件很重要的事情，但并不是说就可以包括所有知识。所以，求知识除了读书之外，却还有更重要的事情。

“知识”二字虽然很抽象，无声无息，但并不是什么从天上掉下来的神秘的东西，而是产生在我们的日常生活之中的。简单说，知识是我们对于外界及自身有系统的认识和应付环境而得的实际经验之总和。所以我们的求知识，是要在各人自己的日常生活中去求（读书其实应该是当作日常生活的一部分）。现在，不但有好多人误把读书当作求知识的唯一法门，而在埋头死读书、读死书，并且有许多人所读的也并不是真正的“书”！这样的求知识的结果，好点，也只是事倍功半；不好，将一无所得，或甚至于愈求反而愈糊涂——这样的情形，现在可实在不少！因此，我很愿意将我

① 本文原载于《读书生活》（创刊号）。

所知道的一点求知识的途径和大家谈谈。

一、读书

求知识虽然不只有读书，但读书，在求知识的过程中总不失为一个重要的部分。

古往今来无论哪一位大思想家或大科学家，没有不读许许多多的书的，而这些书中又包含着各种各类的科目。因为一个人总要受到生命上、环境上的种种限制，对于宇宙间的无数量的事物，任你怎样的努力，也是不能尽知的，而实际上也无须尽知。因为当你要研究某项事情时，你不仅对于这项事情的本身要有多方面的了解，同时，对于和它相关联的密切事情，也需要有或浅或深的了解，然后你的研究才能深入，才能把握它的真正意义。

一个人总要受到生命上、环境上的种种限制，对于这许多方面的事情，有的曾经有过研究，有的虽曾经验过，却还不大清楚，或甚至完全不知道。这时，你将怎样办呢？如果你要去请教朋友，不独是不胜麻烦，并且有许多问题是你的朋友所不知道的。那么，唯一的办法就是去请教书籍帮助你。

现在且举一个简单的例来说，比方现在的日本和苏联，在目前的中国现状说，无论谁都应该知道它们的，因为它俩是和我们最近的强邻，但你都没有到过，并且事实上你也不能去，那你就只有去找各种记载日本和苏联情形的书来读，由书上去知道它。书能告诉你许多你所不知道的各种事情。假设，你有一个机会到日本或苏联了，你也只能知道你所到过的某一部分的情形，你如要知道它的全貌，那你又非再去请教书来帮助不可。书又能告诉你许多你已知道而还嫌不足的各种事情。

此外，凡是自然界或人类社会的一切演变发展的规律，都可从书中找得，书乃是无数前人和我们同时代人的实践经验之积聚，包含着人类全部的历史以及一切学术上的发现与发明。我们读书，便是利用前人的一切宝贵的经验。它能鼓励你奋斗的精神，增进你修养的功夫，更能帮助你认识宇宙，认识社会，而进一步去征服自然，改造社会。

二、读书的工具

我们无论做什么事情，总需要工具，没有工具，就无法制造。譬如木匠，如果没有斧锯锥凿等，无论他有怎样的技巧，决不能做出好东西；赛跑的人，如果没有一个健全的身体和一双有力而有训练的腿，无论怎样，他也不能夺得锦标的。斧锯锥凿等是木匠制造器具的工具，健全的身体和有力而有训练的腿是赛跑者夺标的工具。

同样，在求知识的过程中的读书这件事情，也需要有许多工具。那么读书的工具是什么？读书的工具最主要而最基本的，就是普通中小学里的教科书，如国文、英文、算术等等。

现在的青年以至一般人，往往有一种误解，就是对一个在到学校去的普通中学或小学的学生，如果有人问他到学校去是做什么，他的回答一定是“去读书”，就是那问的人也认为确是去读书。其实这是错误的。我们到学校里去还不是真正地读书，而是学习读书的工具和读书的方法，同时，也是受点初步社会实际生活的训练。在普通中小学里所读的科目，有国文、英文、数学、物理……这些东西虽然都是一本本的书，但不能算作真正的书，而只能算作各种的工具。读英文是预备日后和外人交接时能够说话，在中文书不够读时再读英文的书；读国文是预备日后能读多种的中文的书，懂得中国文章的方法，而自己能够使用它；其余如读数学、物理等，也不过为了日后能读高深的数学、物理等书，并且能算能实验。

因此，我们应该先把工具读好，并且要训练怎样运用它。假使你是没有正式进过学校的，或是曾经进过中小学而仍感到不足的，你就得赶快求你所需的工具知识。如有机会进补习学校最好，不能，就努力自习，随时向人请教，也是一样。不过你要分别它的轻重，先从最迫切需要的学起。

三、实际生活的经验

人是社会的产物，无论什么人都不能离开社会独自生存。换言之，只要你是“人”，你一定要和社会发生关系，与社会的关系越密切，则你的实际生活的经验就越丰富，也就是你的知识的丰富。并且和从书本上所获得的知识不同：书是死的知识，而经验乃是活的学问。一个乡下人，他虽没有读过书，但他也能耕种，也能生存在社会上，就是因为他有实际生活的经验。所以，“实际生活的经验”是求知识的过程中最重要的一项。

就说书吧，它是“人”写的，书里所写的都是著书人的知识。我们读书就是读人家的知识。一个人幼时读书，总是绝对地信任书，以为只要是书上说的话总是对的。待到年龄渐长，有了丰富的实际生活的经验，同时读的书也越多，于是对许多书上所说的渐渐起了怀疑，甚至觉到有许多地方简直是错误的。这就因为他是凭他的经验得到了新的启发，能够判别是非了。如果他没有这些长期的实际生活的经验，他就不能有许多活的学识，用一切现实的“事理人情”来判别书上所说的话。

我们知道，宇宙间的一切事物都是动的，不断地演变发展的。书虽是人类实际生活经验的产物，书上的知识虽可帮助你去认识社会，但社会的实际生活的经验更能改正书上的错误，或补书本的不足，也就是能使你的知识更加丰富。

再举例来说，譬如一个陌生的人跑到上海来，纵然事先他是读过甚至能背诵“上海地图”的，最多他也不过只知道一个东西南北和到什么地方应乘几路电车等等，一旦遇到一条地图上没有的小路，他就没有了办法；

就是他所记熟的几条大路，也决不会没有弄错，总不及曾经在上海住过一年半载的人来得熟悉。然而反过来说，他总要比那事先未读过上海地图而单靠瞎闯的陌生人要便利得多了。所以我们应当知道，读书也是帮助经验的不足；但是如果光读死书而无实际生活的经验，是不能有进步的活的理解的。比如大发明家爱迪生，他一方面从书本中获得前人的经验、发明，一方面更靠着自己去实验，如果他没有一次一次的实验，怎会有这许多发明呢？所以，历来有许多人，虽是“胸罗万卷”，但因为他不去多与社会接触，不把从书上所得的知识和社会实际生活的经验的知识配合起来，结果只成了一位“书呆子”，一部活而又不能取用的“万有文库”而已。

总括起来说，我们求知识的主要条件，除了基础的工具知识以外，其次就是读书和实际生活的经验。关于读书方面，我们的第一主张是“活读书”。古人虽然说过“尽信书不如无书”的话，在原则上虽然承认“书”应当“活读”，然实际上我们的古人以及许多自命为读书者的今人，仍多数过着书斋的生活，很少有与社会接触的实际经验，所以虽有活读书的理想，而结果仍不能跳出“书”的范围以外。我们看看历史上，凡是在学问上事业上有点成就的人，比如老子、孔子、孟子、墨子、司马迁、杜甫、王安石、朱熹、王阳明、文天祥、金圣叹、孙中山、康有为、梁启超、宋教仁、朱执信、廖仲恺等，他们之所以能有独创的见解，说出前人所未曾说过的话，发动了革命的思想和事业，就是因为他们都有极丰富的实际生活的经验，绝不是死读书，拘泥于“书”上，而是以自己的经验与书本子融合起来，成功一种新见地，这新见地就是他们的伟大。因此我们的第二主张就是“读活书”。单读他人已有的经验所写成的书是静的书，还是不够，尤其需要的是实际生活的经验，这在前面已经说过了。如何可使你实际的经验丰富呢？那就要注意社会上一切活动的事物，这些活的东西就是活的书。比方“你”，我如果要研究“你”，那你就是我的一本活的书，我研究后所得的知识，就是活的知识。我们对于社会上所发生的问题，均应作如是观，就我们的需要与理解把它活读起来，这就叫作“读活书”。

我们看到目前社会上一切现象的颓废，不振作，如将要死去的样子，归根地研究起来，实也未尝不可说是由于上上下下读书者死读书、读死书的人太多的结果。要挽救它，就唯有反过来请大家根本上改变过去对于读书的观念和认识，那就是要“活读书”“读活书”，然后这整个社会民族才可以慢慢苏转地“活”过来。

小贴士：“知识是我们对于外界及自身有系统的认识和应付环境而得的实际经验之总和。”这就决定了我们在学习知识时，要活读书和读活书，要联系社会生活实践，只有这样，才能真正领悟书中的真谛。

干天全：读书的几点认知

从带研究生以来，在向每届研究生推荐参考文献时，我都在书单前附上这几句话：开卷获益，贵在鉴别；书不在多，悟求深切；灵活学用，务创新得；博学有为，立言立德。这几句话是我教书几十年、写作几十年的一点认知。告诉后学，与之共勉。

一、开卷获益，贵在鉴别

宋太宗读《太平御览》时说他感到“开卷有益”，这话演变为成语。后人讲开卷有益，是说只要翻开书卷读一读就会受益。此说法有一定道理，但事实并非全然如此。读书不去鉴别，不善取舍，读了也未必有益。李亚农在《欣然斋史论集》的总序中言：“又假如读者对于一本书的要求，只在于采其可取者而弃其可去者，则很多著作……大都是开卷有益的。”在我的读书体会中，我认为，是否有益、获益多少，主要还在于能不能鉴别书中内容的是非优劣。鉴别是取舍的前提。好书、坏书都能够给我们一些收益，但我们要能鉴别出好书好在哪里，坏书坏在哪里。没有比较就没有鉴别，读完一些同类或不同类的书，比较一下此书与彼书的观点立场、具体内容及表达方式等的异同，参考一下老师和同学的见解或看看专家学者的评论，就不难看到所读之书的长处与短处、好处与坏处、有用或无用。

二、书不在多，悟求深切

读书的收获多少并不取决于读书的数量多少，而在于悟得多少与深浅。读书需要领悟，深刻切实地意会书中的内容和要义。我并不反对多读书，古代文艺理论家刘勰的“积学以储宝，酌理以富才，研阅以穷照”所言极是。通过多读来积累学问，通过积累学问来明辨事理进而施展才能，从研究中获得独到的见解。“积学”“酌理”“研阅”都需要领悟。多读而不能领悟、死记硬背、不求甚解，是难以为治学“储宝”的。古时候学富五车的人并不都是才高八斗的，历代科举考试中中状元的人读的书都不少，但有作为的却不多见。今天也是如此，应试教育培养了不少高分低能的人。这些人读的书也不算少，但悟出的东西并不多。他们应付考试驾轻就熟，但写认识独到的文章就很难。古今中外的书多得浩如繁星，没有人能将它们读完。人的时间、精力有限，我们要做到术有专攻、学有所长，读的书应该有所选择，除了侧重读所学专业的必读书外，还应读一些相关专业的书以便融会贯通、拓展思路。当然，在这个专业很难对口择业的时代，读一些与专业无关但适应自己生存和社会需要的书也有必要。无论读何种书，读一本书能明白一点两点道理，那就算有所领悟；能多明白几点道理，则领悟更多；能悟到道理的本质及特殊意义，并能触类旁通、融贯诸理，那就是悟得深切。

三、灵活学用，务创新得

读书应读活书，切忌读死书，既要进得去，又要出得来，进则心领神会，出则别有所悟。正如宋人陈善所说："读书须知出入法。始当求所以入，终当求所以出。见得亲切，此是入书法；用得透脱，此是出书法。盖不能入得书，则不知古人用心处；不知出得书，则又死在言下。唯知出知入，得尽读书之法也。"读书的目的因人而异，在我看来，就是一个字——用。这是我在给每届研究生与本科生上第一节课时就会讲到的一点体会。怎么用？答案是边学边用、活学活用、多思多用。每个人的生命都是有限的，夸张地说，就是曹孟德所说的"譬如朝露"。从读小学到研究生毕业，已是"去日苦多"，短暂的人生被寒窗苦读占去近二十年的时间。在读书期间，如果不边学边用，更待何时？清人唐彪说："学人只喜多读文章，不喜多做文章；不知多读乃籍人之工夫，多做乃切实求己之工夫，其益相去远也。""读十篇，不如做一篇，盖常做则机关熟，题虽甚难，为之亦易。不常做，则理路生，题虽甚易，为之则难。"这些话对我启发很大。读大学时，在上写作课那学期，老师布置的作文只有五篇，而我在课余写了长长短短的五十多篇诗文，这些诗文后来大多发表了。边学边用不仅有助于我们巩固从书本中学到的知识，而且能使我们通过实践增长知识和取得成果，尽早地锻炼自己的动手能力。在本科和研究生阶段，如果我们能边学边用，就能在走向社会前及时将知识转化为一定的能力。在读书期间，不仅要边学边用，更要活学活用、多思多用。活学活用就是要善于将书本知识与现实问题结合起来灵活运用，做到书为我用、书为时用、用而有效。多思多用就是要在学与用的过程中勤于思考，不唯书是从，也不唯权威是从，善于发现问题，敢于质疑、敢于批判；勤于运用，在反复的实践中总结得失、扬长避短，拓宽自己的用武之地，不断获得新进步。

四、博学有为，立言立德

这是我在读书和教书时的一个愿望。我还不能说实现了这种愿望，但希望后学能够实现。我所指的博学，不单是书本上、学校里的学问，还包括立身处世的生活学问。生活是部大书，容纳天地万物、世态百相，古今中外的博学之人没有谁敢说他在有生之年读透了这部大书。宋代诗人陆游在《剑南诗稿》里谈到，写诗的真谛是“工夫在诗外”，写诗如此，做学问也是如此。曹雪芹的那句话讲得更明白、更深刻：“世事洞明皆学问，人情练达即文章。”这是他能够写出《红楼梦》这部不朽之作的秘诀。两耳不闻窗外事的读书，容易让人读成书呆子或腐儒。一辈子在别人的著述里做条蠹鱼，即便勤奋地钻，钻出再多的东西，这些东西也不是新鲜有用的。人生和事业需要的博学，是既广博又能活用创新的知识。只有拥有这样的知识，人们才能充分实现人生的价值和愿望。中国传统文人的人生目标和价值取向多为立德立功立言。作为学习中文的现代年轻知识分子，不管今后面临的职业和前途如何，我们都应视立言和立德为基本心愿。虽然读了不少书，但如果只满足于获得别人给予的知识，而不能著述或拥有某个领域的发言权，那么这不能不说是读书人的遗憾。至于立德，这应是做人的品位。不管是学运亨通、官运亨通的人，还是财运亨通的人，都需要立德。立德才能正身，正身才能达行。

最后还想说的是，读书要读得快乐。孔子早就讲过：知之不如好之，好之不如乐之。在我看来，个人的追求乃至人类的各种追求，其终极目的都是寻求快乐。读书虽然耗时耗力，但人们可以从中汲取生存的力量，同时也会感受到许多乐趣，因此读书应该是一件短痛而长乐的快事。我从不乐意头悬梁锥刺股地读书，也从不提倡如此读书。读书应张弛有度、劳逸结合，否则就会令人生厌，丧失应有的身心健康和生活乐趣。珍惜时间、敬业勤奋是读书人的本分，我们如能恪守这样的本分就够了。

小贴士：“开卷获益，贵在鉴别；书不在多，悟求深切；灵活学用，务创新得；博学有为，立言立德”是作者提倡的32字读书法则，虽字数不多，但却切中读书的要害。读书不仅是一种学习方式，更是一种生活态度。读书有所获，读书有所悟，读书有所创，读书有所为，读书有所乐，人生足矣。

陈垣：谈谈我的一些读书经验

——与北京师范大学历史系1961届毕业生谈话纪要

你们马上就要毕业了，本来我有很多话想说，但也不能一下都谈到，今天只谈谈有关读书的一些问题。这可能对你们毕业后在工作中自己进修时有所帮助。先谈一下我个人读书的经过。

十二岁以前，在学馆读四书五经，只是呆板地死背，不能背就挨打，只有用逃学一法来躲避。

十三岁发现张之洞的《书目答问》，书中列举很多书名，下面注着这书有多少卷，是谁所作，什么刻本好。我一看，觉得这是个门路，就渐渐学会按着目录买自己需要的书看。

十五岁广州大疫，学馆解散，因此不用学习科举的八股文，所以有时间读自己喜欢读的书，在三年时间里看了读了不少书，打下初步基础。

十八岁入京应试，因八股不好，失败。误听同乡一老先生的劝告，十九岁一面教书，一面仍用心学八股。等到八股学好，科举也废了，白白糟蹋了两年时间。不过也得到一些读书的办法。有人问我当时读书是用什么办法，其实也没有什么别的办法，法子是很笨的，我当时就是“苦读”，也就是我们现在所说的刻苦钻研，专心致志，逐渐养成了刻苦读书的习惯。

科举废后，不受八股文约束，倒可以一面教书，一面读书。当时读书，就是想研究史学。中间有几年还学过西医，办过报纸，但读书和教书从未间断，因此《四库全书总目提要》读过好几遍。可惜《四库全书总目提要》所著录的书，许多在广州找不到。

辛亥革命后重入北京，当时热河文津阁《四库全书》移贮京师图书馆，因此可以补读从前在广州未见的书。如是者十年，渐渐有所著述。

我读书是自己摸索出来的，没有得到老师的指导，有两点经验，对研究和教书或者有些帮助：

（1）从目录学入手，可以知道各书的大概情况。这就是涉猎，其中有大批的书可以“不求甚解”。

（2）要专门读通一些书，这就是专精，也就是深入细致，“要求甚解”。经部如论、孟，史部如史、汉，子部如庄、荀，集部如韩、柳，清代史学家书如《日知录》《十驾斋养新录》等，必须有几部是自己全部过目常翻常阅的书。一部《论语》才一万三千七百字，一部《孟子》才三万五千四百字，都不够一张报纸字多，可见我们专门读通一些书也并不难。这就是有博，有约，有涉猎，有专精，在广泛的历史知识的基础上，又对某些书下一些功夫，才能做进一步的研究。

不管学什么专业，不博就不能全面，对这个专业阅读的范围不广，就很像以管窥天，往往会造成孤陋寡闻，得出片面偏狭的结论。只有得到了宽广的专业知识，才能融会贯通，举一反三，全面解决问题。不专则样样不深，不能得到学问的精华，就很难攀登到这门科学的顶峰，更不要说超过前人了。博和专是辩证的统一，是相辅相成的，二者要很好地结合，在广博的基础上才能求得专精，在专精的钻研中又能扩大自己的知识面。

我们研究历史科学，需要知道的知识幅度很大，要了解古今中外，还要有自己较专门的学问。如果样样都去深钻，势必由于时间、精力有限，反使得样样都不能深，不能透。但是也不能只有专精，孤立地去钻研自己的专业，连一般的基础知识都不去注意，没有广泛丰富的知识，专业的钻研也将受到影响。学习历史也是如此，中国不是孤立于世界之外的，不了解世界历史，学中国史就必然受到限制，就不能很好地懂得中国。研究宋史，不知道整个中国历史发展过程，则宋史也学不通。研究任何朝代的断代史，都不能没有通史的知识作基础，也不能没有其他必要的各方面的知识。

中国历史资料丰富，浩如烟海，研究的人，不可能也不必要把所有的书都看完，但不能不知道书的概况。有些书只知道书名和作者就可以了，有些书要知道简单的内容，有些书则要认真钻研，有些书甚至要背诵，这就是有的要涉猎、有的要专精。世界上的书多得很，不能都求甚解，但是要在某一专业上有所成就，也一定要有“必求甚解”的书。

同学们毕业之后，当然首先要把书教好，这是你们主要的任务；另外，在自修的时候，可以翻阅一下过去的目录书，如《书目答问》《四库总目》等。这些书都是前人所作，不尽合于现在使用，但如果要对中国历史做进一步的研究，看一看也还是有好处的。

懂得目录学，则对中国历史书籍，大体上能心中有数。目录学就是历史书籍的介绍，它使我们大概知道有什么书，也就是使我们知道究竟都有什么文化遗产，看看祖遗的历史著述仓库里有什么存货，要调查研究一下。如果连遗产都有什么全不知道，怎能批判？怎能继承呢？萧何入关，先收秦图籍，为的是可以了解其关梁厄塞、户口钱粮等，我们做学问也应如此，也要先知道这门学问的概况。目录学就好像一个账本，打开账本，前人留给我们的历史著作概况，可以了解，古人都有什么研究成果，要先摸摸底，到深入钻研时才能有门径，找自己所需要的资料，也就可以较容易地找到了。经常翻翻目录书，一来在历史书籍的领域中，可以扩大视野，二来因为书目熟，用起来得心应手，非常方便，并可以较充分地掌握前人研究成果，对自己的教学和研究工作都会有帮助。

有人说，有些青年基础知识差，这当然也是一个重要的问题，你们在校四年，虽然已经打下一些基础，但我们要更高地要求自己，今后还要在这方面多多注意。基础知识好比盖房时的地基，地基不打结实，房子就会倒塌。我国各行各业都有注意基本训练的优良传统，拳术、武术，初学时要花很多时间练好一指一式；戏剧科班，先学唱做念打，先练基本功。读书更是如此，古人读书，先背诵一些基本书籍，写字先学会拿笔和写字姿势，讲究横平竖直，作诗先学做联句对句，学习诗韵。研究一门科学，基本知识更是起码条件，不打好基础，就好像树没有根。当然前人对基本知识的要求与我们现在不同，但尽管有不同，而基本知识总是应当注意的。如学习历史，就必须学会阅读古文，要至少学会一种外语，而且要有一定的写作能力，这都是必不可少的。大家在哪些方面还没学好，今后还要在这方面多多努力。

要想获得丰富的知识，必须经过自己钻研和努力，没有现成的。只要踏踏实实地念书，就会有成绩，不要以为学问高不可攀，望而生畏，但也不能有不劳而获的侥幸思想。不管别人介绍多少念书经验，指出多少门径，但别人总不能替你念，别人念了你还不会，别人介绍了好的经验，你自己不钻研、不下功夫，还是得不到什么。而且别人的经验也不见得就适用于自己，过去的经验也不一定就适用于今天，只能作为参考，主要还是靠自己的刻苦努力。

读书的时候，要做到脑勤、手勤、笔勤，多想、多翻、多写，遇见有心得或查找到什么资料时，就写下来，多动笔可以免得忘记，时间长了，就可以积累不少东西，有时把平日零碎心得和感想联系起来，就逐渐形成对某一问题的较系统的看法。收集的资料，到用的时候，就可以左右逢源，非常方便。

学习是不能间断的，更是不能停止的，要注意学习政治，学习马列著作，毛主席著作，并要经常学习党的政策。要趁着年轻力强的时候，刻苦钻研，努力读书，机不可失，时不待人。

小贴士：尽管每个人的读书经历各不相同，但总有一些共性经验值得参考。从目录学入手，可以知道书的概况，从而“不求甚解”；从经典书目入手，深入细致地专攻一些书籍，可达“必求甚解”。

江问渔：对于读书问题的我见

我读书虽然数十年，毕竟还是一个大门外汉，以一个门外汉，来研究门内事，当然很困难的。可是古人说过："我非智者，而爱智者。"我也有同样的说法："我非学者，而爱读书。"现在且把我对于研究读书问题的一些心得，分三点来说一说。

一、为什么读书

这个说法，似乎很离奇，比如有人问："为什么吃饭?"这不是和"为什么读书"一样吗？这却是很难回答。但仔细一想，也有些道理在里面。为什么读书？我的答案是"为学做人而读书"。有人要说是为文凭而读书，这当然是绝对错误了。为求学问智识而读书，为谋职业而读书，虽然有一部分理由，但仍未免把读书的价值看得太低。所以我要说"为学做人而读书"。我不敢说这个答案一定就对，因为不读书的人，也有会做人的啊。但是，我可再答一句说："不读书的，且会做人；那么读书的，不更应该会做人吗?"

继此，再进一步，来研究怎样去做人罢！我以为要做人，要做一个好人，一定要具有次列三个条件：一是优良的品性，二是丰富的知识，三是应变的才能。这三个条件缺一不可，一定要把这三件，完备起来，且融会贯通起来，才能成为好人。倘若缺了两件，固然不行，就是缺了一件，亦复不可。若三样没有，那么便如古人所说“不为圣贤，便为禽兽”了。本来三件都不全的人，便可以说和禽兽差不多。盖有了知识，还得要有善良的品行，去统御他；知识原是空的，没有才能，也无从运用啊。所谓才能，就是应付困难的能力。中国被外人压迫，说没有法子，这便是没有才能的表示。要做一个好人，要从读书入手，其目的就是为借读书的作用，来增加知识、锻炼才能、矫正品性。但是现在到处都看到书呆子，知识虽很丰富，差不多什么都知道，可是遇事却无应付方法。这就是因为他“只知为求知识而读书，不是为学做人而读书”的缘故啊！

若是具体说来，究竟什么样的人，才能算是好人呢？我以为要分两层来说：

（1）就主观来说，要得着圆满的生活——个人的感受。

（2）就客观上说，要有益于社会人群——事实的表现。

圆满的生活，到底又是什么呢？一班阔佬，洋房、汽车什么都有，衣食住，是非常舒服，在普通人看起来，总以为这就是圆满生活了。但是就客观上讲，他的行为是往往夺人之利以为己利，算得有益于人群吗？所以圆满的生活，绝不是在物质上的享受，而是在精神上的发展。

孔子说：“食无求饱，居无求安。”又说：“士志于道，而耻恶衣食者，未足与议也。”他老先生说的话，大概是不会错吧！他是一向赞美“衣敝缊袍，与衣狐貉者立，而不耻者”的子路和“箪食瓢饮不改其乐”的颜渊的，那么，他的用意，也就可以推知了。欧洲有一位哲学家，也曾经说过这样的话：我宁愿做一个终身穷苦的苏格拉底，不愿做一个快乐的猪。这是什么意思呢？骤然听了似乎有点令人怀疑。其实，这就是他感觉着“圆满生活已经得着了”的表示啊。如我国宋代的文天祥，被元朝捉去后，关在狱中，他还作《正气歌》，一无忧虑之色，那么，他的泰然自得，也就是他得着圆满生活的表示啊！由此可以证明，生活的圆满，是有时离开物质超过物质，也纯粹在于个人人格的发展。盖他能为社会谋福利，他能决心杀身成仁，能舍生取义而不悔，人格之所以伟大者在此，感觉到得着圆满的生活也在此。而以肉体虽死而他的精神永久不死。因为他是“先天下之忧而忧，后天下之乐而乐”，他是终身奔走，为社会人群服务，认定必如此，才算尽了做人的责任。

不过人人都能“先天下之忧而忧，后天下之乐而乐”吗？这当然是不可能的，因为一部分人，还没有因读过书，而得着修养，还未必皆明白做人之道，所以智识高的、才力强的，应该对于国家社会，多尽一点责任；地位高的，更应该对于国家社会多尽一点责任。

现在再来研究研究“做人的根本，究竟是什么”。做人的根本，恐怕是“为求生”罢！说起求生，种类也很多了：乞丐的讨钱，是求生；奸商的骗钱，是求生；谋职业也是求生；慈善家赈济饥民，是求多数人的生。孙中山先生奔走呼号，首创革命，是谋全民族的生。同一求生，而范围的大小，行为的邪正，迥乎不同了。因为求自己的生，而妨碍他人的生，当然是罪恶；牺牲个人而谋大众的生，这才能算是道德。为求生而表现出道德之行，这便是一个做人的最大标准，千千万万不容忽视，因此又要说到中国一向德目中所列的“仁义”二字了。因为这两个字，是和读书学做人，有极密切的关系啊！

“仁”字的意义：

（1）二人为人，是社会的起源，所以仁字含有社会的意义。

（2）我们吃的瓜子，叫瓜子仁，杏核有杏仁，为什么这些东西都叫仁呢？这是表示仁在土中，能渐渐发育成长，所以仁又含有生机的意思。

（3）我们说“麻木不仁”，也就是“麻木不动”，所以仁又有流动活动的意义。

（4）仁者爱人，这是普通的解释，就是所谓博大的同情心。

所以“仁”实含有四种意义：社会的结合，生机成长，活动不息，博大的同情心。

“义”字的意义，是以个人为立场的，认为需要的、应当的，就做；反之就不做，要具有“富贵不能淫，贫贱不能移，威武不能屈”的精神，它是和仁的德行相辅相助的。无论新的、旧的道德学，关于仁义的德行，皆是特别注重的，我们不读书，不学做人则已，要读书要学做人，我以为一定要依据仁义，以求得圆满生活。那么，对于第一点，“为什么读书”的问题，我的答案，道“读书是为学做人”， 也就可以明白了。

二、书是什么

爱迪生发明许多东西，并不是纯由读书得来的；达尔文的许多优生学上的贡献，是从研究小动物得来的。现在一般学者在实验室里所做的工作，在社会上所做的调查，并不是读书，但是也可以说读书。

那么，“书”究竟是什么东西呢？有人说，书是以文字图画表示，订成本子的东西。但是这个答案，不能算十分对。我说书可以分做广义的和狭义的，抽象的和具体的多种。孔子说：“三人行，必有我师焉。”因为三人中，除我外，其他二人，皆可以告诉我一些不知道的东西，那么，这就无异于读书了。这可说是“广义的书”。所以就广义的书来讲，地上万物，都是书，即考古学家掘得的地下古物，也是书。陶渊明写信给他儿子，教他儿子善待仆人，说：“彼亦人子也。”这句话，后人读了，受到感动，改善了他的行为，增加了做人的学问，这固然可说是“具体的书”；但如释迦牟尼因为看见了死人的痛苦，就厌恶了世界上生老病死，而决心出家，这死人，便可说是释迦牟尼所读的“抽象的书”。

现在我既解释了什么是书，并且认定了读书，是为学做人，似乎读书的功用，可以明白了。若专来说做人哩，我以为，应有下面的六套功夫：读古人书，受师友训导，观察事件，验之于行事，反省，记载。这也可说是一种“读活书的办法”。本来名人遍天下，我们又何必专靠已死的古人呢？只靠书本，一定不够用，离开具体的书本，抽象的书多得很哩。广义的与抽象的书，比狭义的与具体的书，实在是重要得多。所以我说：“书不仅是具体的一本一本读物。凡是各种事物，都可以做我们的书。”

以上所说，是我对于书的意见和解释。

三、怎样读书

如此说来，书的范围，未免太广漠了。现在我再要缩小范围，就具体的狭义的书，来研究一下罢！

（一）读书的步骤

（1）读书的时候，要注重书的选择：

① 审明内容是否为我所需要。

② 配合时间，是否能在一个定期内读完。

（2）读书的时候，要决定怎样读法：

① 哪些需要精读。

② 哪些需要略读。

（3）读完以后，要做几种重要的工作：

① 做表解——分析书中内容，阅之一目了然。

② 摘录——摘录书中要点。

③ 评论。

（二）读书有三戒

（1）戒盲读：不加选择，一会儿看这类，一会儿看那类， 徒耗时间，一无所得。

（2）戒浪读：虽经选择，而不确定目标，且忽作忽辍。

（3）戒死读：不反省，不详察，不求与事实相考证。

（三）读书有四要

（1）要与物的观察相印证。

（2）要与事的体验相融合。

（3）要配合目的、时间和需要。

（4）要思学合一。

为什么读书？书是什么？怎样读书？这三点总算略略说过了。我仅把我的一点心得简单说出，实在浅陋得很！此外还有一件与读书问题有关的，便是“写日记”。近代成功人，可以说没有一个不靠“日记”的。因为读过的书，有紧要的地方，记了下来，虽是段言片语，也可以终身用之而无穷。还有时人名言，以及个人感想，日久易忘的，也必须要把它记载下来。如此日子愈多，材料愈富，经验也就不断增加了。最后一点，我以为要研究读书问题，同时，应该明确认定，我在此时对于国家，对于民族，应该负了什么责任！

小贴士：“为学做人而读书”道出了读书的最高境界。读书的目的就是要做一个好人：做一个有益于社会的好人，做一个拥有优良品性、丰富知识和突出应变能力的好人。

邓拓：不要空喊读书[①]

要读书，就应该拿起书来，一字一句地认真读下去，为什么会有空喊的呢？

空喊读书的，可能有几种人：第一种人因为自己没有养成读书的习惯，坐不住，安不下心，读不下去，但是又觉得读书很有必要，于是就成了空喊。第二种人因为有一些误解，以为拿起书来从头到尾读下去，就会变成读死书，所以还不敢也不肯这么做，于是也变成了空喊。第三种人因为太懒了，不愿意自己花时间去读书，只希望能找到什么秘诀，不必费很多力气，一下子就能吸收很多知识，所以成天叫喊要读书，实际上却没有读。

第三种人即便是极少数的，我们也应该耐心地给以帮助，使他们不再空喊，而认真地坐下来读书。并且对这三种人还要有所区别，采取不同的办法给以帮助。

三种人之中最难办的是懒病太深的人。这怎么办呢？唯一的办法是要促使他痛下决心，勤学苦读。虽然不必采取什么“以锥刺股”那样的办法，但是，也要有相当的发愤之心，否则是一事无成的。而只要真的勤学苦读了。那么，有时候才能可能达到“豁然开朗”的境界。唐代大诗人李白“梦笔生花”的故事，不是全属无稽之谈。古人类似这样的故事还多得

---

① 本文原载于1961年10月15日的《北京晚报》。

很。例如，唐代鲍坚的《武陵记》一书，还写了这样的一个故事：后汉马融勤学。梦见一林花如锦绣。梦中摘此花食之，及寤，见天下之词，无所不知。时人号为绣囊。

很明显，马融所以能够变成“绣囊”，并非真的因为他做梦吃了花儿的缘故，而是因为他勤学苦读的缘故。

听了这个故事，如果不从勤学苦读方面去向马融学习，而光想做梦吃花儿，那又会有什么结果呢！

可是，按照懒人的想法，却很可能不从勤学苦读上着眼。他也许会想到：这真妙啊！古时马融做梦吃了花儿，醒来就能通晓天下的文辞；那么，现在能不能请一位科学家，发明一种神奇的办法，比如用注射针之类，对人脑进行注射，来代替读书呢？如果能发明这样的方法就太好了。到那时候，打一针或者吃一服药，就能吸收多少部书；这么一来，只消一个早上就能培养成千上万的知识分子和专门人才，岂不妙哉！

当然这只不过是痴人说梦而已，决不会真有人做这样的想法。我们当能从中体会到老老实实的读书态度的重要性，便有极大的受用。

然而，是不是一字一句从头到尾地读书，又会被批评为读死书呢？决不会的。我们反对读死书主要是指那种目的不正确的而言，并非说：认真读书都是读死书。要是这样理解，就大错特错了。其实，有许多人根本还没有读什么书，完全说不上什么读死书或者读活书的问题。

有人老爱高谈阔论。什么事也没有做起，先要谈论个不休。大家都曾见到，有的成天在订计划，开书目，请人讲读书方法，在许多场合都很热心地泛论读书的重要性，如此这般耗费了许多时间和精力，结果误了别人也误了自己，倒不如把耗费的这些宝贵时间，放在老老实实地认真读书上面，也许可以得益匪浅。

至于那种坐不住的人，只要下决心坐下来，很快就能养成习惯。这种人的毛病最轻，最好治。

一句话，读书不要空喊，到处叫嚷毫无用处。你觉得自己最需要什么知识，就赶快到图书馆去找有关的书籍，如有可能再想法买到这些书籍，抓住一天半天的时间，老老实实地从头到尾地一字一句地耐心读下去，遇到对自己有用的重要材料就用本子记下来。这样做，从自己最需要的地方下手，兴趣很快也会培养起来，日积月累，就能读好多书，掌握好多知识。舍此以外，别无路子可走。

小贴士：读书需要付出实际行动，不能停留在“空喊”层面。唯有痛下决心，老老实实一字一句地读，勤学苦练，日积月累，才能终有所成。舍此之外，别无他法。

方法篇

教育家夸美纽斯说：“巨大的成就常常只是一个技巧问题，而不是一个力量问题。”读书有法是亘古不变的真理。读书同样是一门艺术，若我们追求得多一些，意在将那些读过的书融会贯通、运用自如，恐怕还得掌握些适当的方法。使用正确高效的方法往往能达到事半功倍的效果，所谓“君子行则必思其道”说的便是这个道理。

在此篇中，编者收录了孔子、司马迁、朱熹、华罗庚、高尔基等古今中外大师名家的读书方法。譬如，孔子提出学与思结合、学与问结合、学与习结合、学与行结合的四位一体的方法，帮助我们更好地阅读并不断成长；司马迁倡导“考察式”读书法，留下了史家之绝唱的《史记》，生动诠释了读万卷书、行万里路的道理；朱熹则认为读书需循序渐进、熟读精思、虚心涵泳、切己体察、着紧用力、局敬持志；华罗庚认为，阅读是一个从厚到薄再到厚的过程，形象地指出了“吃透”一本书的方法；高尔基认为要分秒必争，抓紧早晨、晚上、零散的时间，孜孜以求地读书；凡尔纳的卡片读书法，让我们看到阅读积累的重要性，即摘录的越多、积累的越多、思考的越多，创造的才越多。阅读此篇，恍若这些人生阅历丰富、著作颇丰的大师名家，穿越历史时空走到我们身旁，对我们谆谆教诲，如果我们肯静心体会，自然可以受益良多。尤其在人们的时间越发碎片化的时代，读书方法将是串联起时间碎片的金线，帮助我们结识古今中外的智者，了解他们的想法，并响应真理与智慧的呼唤。

孔子："四个结合"读书法①

近代著名学者胡朴安说："千古读书方法之善，当首推孔子。"孔子作为"万世师表"，在读书求学的时候曾经留下"韦编三绝"的历史佳话。孔子的阅读方法科学、实用、完备，尤其是其"四个结合"的阅读方法备受人们推崇。

一、学与思结合

子曰："学而不思则罔，思而不学则殆。"这句话是说，学习与思考相辅相成，只学习而不思考是不可能的；如果你只思考而不学习，就会因为不能深刻理解书本的意义而不能合理有效利用书本的知识，甚至会陷入迷茫，最终一无所获。学习与思考密不可分，思考应该是有利于学习的。只有把两者紧密结合起来，我们才能培养良好的阅读习惯。根据自身现有的知识库和经验，通过比较分析、归纳综合、抽象概括等去粗取精、去伪存真、由此及彼、由表及里的思维活动，我们可以获得见解。由此可以看出，学习和思考是鸟的一对翅膀，是汽车的两个轮子。

① 许艳梅. 孔子的"四个结合"读书法［J］. 教书育人：普教版，2003（3）：1.

二、学与问结合

子曰:“欲智则问，欲能则学。”这句话是说，知识是无限的，学习是没有终点的，要想真正学好知识，除了要坚持不懈地吃苦以外，还必须具有孔子宣讲的“百问”精神。在学习书本知识的过程中，问题就产生了，而在社会大课堂上，需要我们去解决的问题就更多。我们只有通过查阅工具书，请教老师、同学等，摸清问题的症结，把“绊脚石块”清除掉，才能确保真相大白。孔子在治学中是非常重视“问”的，提出“敏而好学，不耻下问”，是“问”的身体力行者。

三、学与习结合

子曰:“学而时习之，不亦说(悦)乎?”这是孔子基于对自己阅读的深刻认知和强烈管理意识提出的一种教学方法。这句话是说，在学习后经常复习所学的知识，不是很愉快吗?学习，即要时不时地重复所学的知识，以增强记忆、加深理解。学习、理解和吸收知识不是一件一次性就可以完成的事情，学习是一个循序渐进、不断强化知识，防止遗忘的过程。由于旧知识与新知识有着千丝万缕的联系，因此学习就是指把旧知识与新知识联系起来，并加强记忆和形成深刻理解，从而掌握甚至应用这些知识。

四、学与行结合

子曰:“弟子入则孝，出则弟，谨而信，泛爱众，而亲仁。行有余力，则以学文。”这句话是说，为人子弟的人，在家要孝顺父母，出门要孝敬兄长，行为谨慎且言出必行，博爱众人，亲近有仁德之人。这样做了以后如果还有余力，就可以学习诗书六艺等文化典籍。可见，孔子十分重视学与行的结合。学是为了行，而行是首要的。孔子还曾强调指出：“君子欲讷于言而敏于行。”这意味着说话要谨慎、行动要果敢，强调了学习和实践的结合。在孔孟“道统”的传承中占有重要地位的春秋时期著名思想家子思提出“忠实实践”，即量力而行，用学到的知识指导实践。习近平总书记也曾指出：“增强本领就要加强学习，既把学到的知识运用于实践，又在实践中增长解决问题的新本领。”因此，我们应把所学的理论知识运用到实践中去，以一种“接地气”的方式使理论知识接受实践的检验，进而丰富和发展理论知识。

小贴士：学习与思考相辅相成，只有让思维深度参与，才能让学习真正发生。凡学必有问，疑问的解决将推动理论学习不断取得进步。复习不仅可以帮助我们巩固知识，还有助于我们获得新知。理论学习的最终目的是指导实践，并在实践中检验真理。孔子的“四个结合”读书法给读书人无限启迪。

司马迁："考察式"读书法[①]

司马迁是我国西汉时期伟大的史学家、文学家、思想家，被后世尊称为史迁、太史公、历史之父。其撰写的纪传体史书《史记》是中国历史上第一部纪传体通史，是影响世界的千古名著，被鲁迅誉为"史家之绝唱，无韵之《离骚》"。

中华民族自古就把旅游和读书结合在一起，崇尚"读万卷书，行万里路"。闭门读书，是一种间接经验的学习；走出课堂、面向社会，是一种直接经验的学习。司马迁十分注重实地考察，他的读书方法可以概括为"考察式"读书法，即走出书斋，远游访问，实地考察，以印证古史的真伪，搜集轶文遗事，丰富知识，开阔眼界，扩大知识面。

司马迁二十岁那年在父亲的鼓励和支持下，到全国各地游历，有计划地开展实地考察工作。首先，他从长安(今西安)出发，经过河南、湖北，抵达湖南长沙，特地去汨罗江看了屈原投江自沉的地方；溯湘江而上，登九嶷山，勘察了大舜所葬的地方；在庐山实地考察了夏禹通九江的传说。其次，他长途跋涉，来到大禹的葬地浙江会稽山，探寻了民间传说已久的禹穴。再次，他北返渡过汶水、泗水，在齐鲁两地的都会同当地的学士大夫讨论学术，考察孔子在阙里等处的遗风，并在邹县、峄山行乡射之礼；来到彭城、沛郡一带，广泛收集秦末农民战争中刘邦、萧何、曹参、周

① 张景义. 名人读书方法100例［M］. 太原：山西教育出版社，1999.

勃、樊哙等英雄的故事，实地考察了楚汉相争的古战场。最后，他经梁楚之地回到了家乡。这次考察历时两三年，行程万余里，不但使司马迁接触到各地不同的文化风貌，还让他收集了大量第一手资料，不断从实践活动中汲取营养。司马迁撰写《史记》，正是对这种“考察式”读书方式的最好运用。

小贴士：“考察式”读书法要求既读有字的书，又读无字的书，使两者结合起来。司马迁通过读有字的书，得以站在前人的肩膀上，集历代史料文献之大成；通过读无字的书，得以“网罗天下放失旧闻”，在丰富的社会实践活动中汲取营养，成就“绝唱”。

朱熹："六要"读书法[①]

朱熹是宋朝著名的理学家、思想家、哲学家、教育家、诗人，闽学派的代表人物，儒学集大成者，世尊称为朱子。其著述甚多，有《四书章句集注》《通书解说》《太极图说解》《周易读本》《楚辞集注》等书，后人辑有《朱子大全》《朱子集语象》等。其中，《四书章句集注》成为当时钦定的教科书和科举考试的标准。朱熹在阅读方面颇有心得，曾作《观书有感》一诗。诗中集中体现其读书心得的一句是"问渠那得清如许？为有源头活水来。"他的读书方法被总结为"六要"，包括要循序渐进、熟读精思、虚心涵泳、切己体察、着紧用力、居敬持志。

一、循序渐进

循序渐进原则包含三层含义：第一，阅读应该按照一定的顺序，不要无序。人类要理解客观事物，必须经历一个从不成熟到成熟、从不完美到完美的过程。第二，我们应该根据自己的现状和能力来制订阅读计划，并认真执行阅读计划。第三，我们必须为阅读打下坚实的基础，绝不能囫囵吞枣、急功近利、急于求成。

① 李本达，张乐依，顾太. 汉语集称文化通解大典［M］. 海口：南海出版公司，1992.

二、熟读精思

朱熹的读书方法中还包括熟读精思原则，即我们不仅要熟悉阅读的内容，还要勤于思考。朱熹强调，必须阅读多次。即使可以背诵，但如果阅读的次数不够，也必须继续阅读，直至读够次数为止。正所谓“读书千遍，其义自见”。阅读的目的是认真思考。朱熹针对认真思考提出了“使其意皆若出于吾之心”的要求。这句话的意思是，让道理都出自我的内心所想。在认真思考的基础上，朱熹又形成了“无疑→有疑→解疑”的理念。这里所说的从无疑到有疑再到解疑的过程，即发现问题和解决问题的过程。无论是发现问题还是解决问题，都是认真思考的结果。可见，阅读确实可以让人耳熟能详、深思熟虑。

三、虚心涵泳

阅读的虚心涵泳原则即客观性原则，体现在开放包容的心态中，具体包括两层含义，即虚心和涵泳。所谓“虚心”，是指在阅读时，我们应该心胸开阔，认真思考，深刻理解书中的意思，而不应先入为主和牵强附会。当面对众说纷纭而感到疑惑时，我们应该保持谦虚和沉默，不要仓促地做出决定。所谓“涵泳”，是指在读书时反复咀嚼、细心玩味。朱熹说：“读书之法无他，惟是笃志虚心，反复详玩为有功耳。”这句话的意思是，读书没有其他的方法，只有坚定意志，虚心求教，反复研究，才能有所收获。

四、切己体察

阅读的切己体察原则即结合实际原则。朱熹强调，读书不能仅仅停留在书本上、口头上，而必须见之于自己的实际行动，要身体力行。他说："从容乎句读文义之间，而体验乎操存践履之实，然后心静理明，渐见意味。"这句话的意思是，应当细心领会字句的意思，用心感受和在实践中体验文章的精神，从而实现心静理明。他竭力反对只向书本求义理，而不"体之于身"的读书方法，认为这样即使是"广求博取，日诵五车"，也无益于学习。

五、着紧用力

阅读的着紧用力原则即积极性原则，包括两层含义：一是注重时间，发愤忘食，反对悠悠然；二是保持精力充沛、勇敢无畏，反对懈怠。对此，朱熹将读书形象而深刻地比作救火治病、水上撑船和破釜沉舟。他认为，阅读应该有一种救火治病那样的紧迫感，一种水上撑船那样的不进则退的顽强意志及一种破釜沉舟那样的勇往直前的拼搏精神。

六、居敬持志

居敬持志既是朱熹在读书时坚持的重要原则，又是其提升道德修养的重要方法。所谓"居敬"，就是指在读书时要做到专注专一，高度集中注意力。他说："读书须收敛此心，这便是敬。"他又说："读书须将心贴在书册上，逐字逐句，各有着落，方始好商量。大凡学者，须是收拾此心，令专静纯一，日用动静间，都无驰走散乱，方始看得文字精审。如此，方是有本领。”意思是，读书必须集中注意力，有谨慎感、进取心，不放纵自身，不轻率从事，做到“专静纯一”，志于为学。所谓“持志”，就是指要坚定志向。朱熹说：“立志不定，如何读书？”这意味着，我们只有树立远大志向，修身养性，不畏艰难，才能真正取得成效。

小贴士：朱熹的循序渐进、熟读精思、虚心涵泳、切己体察、着紧用力、居敬持志的“六要”读书法被反复解读、广泛应用于实践，影响了一代又一代读书人。

郑板桥："精当"读书法[①]

郑板桥是清代书画家、文学家，为"扬州八怪"重要代表人物。他的绘画、诗词和书法被人们称为"三绝"。他主张治学读书要"求精求当"，这给现代读书人重要启示。

"求精"是指要在阅读中有所选择，选好书、读好书；"求当"是指所选阅读内容要匹配我们的能力、满足我们的工作需要。值得注意的是，多读应该以精读为基础，充分利用在精读中获得的知识，同时接触新知识、拓宽视野，并为精读服务。如果我们在读书的时候贪多而不求精，就会"胸中撑塞如麻"。郑板桥总是反复精读、背诵书籍，时常进入忘我之境。《郑板桥集·板桥自述》中说："板桥每读一书，必千百遍。舟中、马上、被底，或当食忘匕箸，或对客不听其语，并自忘其所语，皆记书默诵也。"读书时，我们只有求精而不求多，才能捕捉到书中的要点，但这并不意味着我们就能深刻理解和完全掌握书中的知识。要想深刻理解和完全掌握书中的知识，就需要我们进一步探索与研究。因为书中的"微言精义"所包含的丰富深邃的内涵，往往是"愈探愈出，愈研愈入，愈往而不知其所穷"。

"问"是发掘书中的"精义"的重要手段。郑板桥认为："学问二字，须要拆开看。学是学，问是问。今人有学而无问，虽读书万卷，只是一条

① 钟雪风. 名人读书法［M］. 呼和浩特：远方出版社，2006.

钝汉尔。”他提倡：“读书好问，一问不得，不妨再三问。问一人不得，不妨问数人。”这样才会使“疑窦释然，精理进露”。郑板桥还写过一首读书诗：“读书破万卷，胸中无适主，便如暴富儿，颇为用钱苦。”这里所说的“适主”，是指自己的主张、主意。这句话的意思是，读书时要坚持独立思考，不能人云亦云，不要做书本的奴隶。郑板桥多次强调读书要“有主张”“有特识”，要“自出眼孔，自树脊骨”“自树旗帜”，万不可“为古人所束缚”。

小贴士：“精当”二字深刻揭示了读书的要义，即我们在读书时不仅要选择精品，还要读得恰到好处。恰到好处的读书不仅需要不断探索与钻研，还需要不断发问与挖掘。只有这样，我们才能求得书中的“精义”。

徐特立：化整为零法[①]

徐特立，中国革命家和教育家，是毛泽东和田汉等著名人士的老师，被尊为“延安五老”之一。他一生勤奋读书，藏书超过两万册。在长期的治学、教学过程中，他备尝甘苦、永葆痴心，不贪多图快，非常注重实效，持之以恒。其读书方法概括起来为“化整为零法”，即把整块学习资料有目的、有步骤地分割成小块学习内容，一部分一部分地阅读，然后读懂、记牢。

青年时的徐特立攻读《说文解字》这部分析字形与考究字源的字典。字典中有540个部首，为篆籀古文，难读难记。徐特立每天只学两个，一年就攻下了。他43岁到法国勤工俭学，有人怀疑年纪大的他能否学好法文。徐特立坚定地回答：“我就是一天学一个字，一年也可以学到360多个字，7年可以学到2 500多个字，到了50岁时，岂不是一个通法文的人了吗?”他正是靠这种每日学一个生词的方法，从43岁起先后学习和掌握了法文、德文和俄文。

总结起来，他的学习方法主要有如下7条：①学习要有时代性；②学习要抓住基本知识；③学习要有方法和立场；④学习要有事业和职业的目

① 张景义. 名人读书方法100例［M］. 太原：山西教育出版社，1999.

的性及长期的计划；⑤学习要有一定的中心对象，使一切学习围绕着它；⑥学习要抓住要领；⑦学习要有批评的、革命的、实践的精神。

小贴士："化整为零法"强调利用碎片化的时间，持之以恒地学习。在这个信息爆炸的时代，这一方法具有重要现实意义和重大应用价值。

郭沫若："因地制宜"读书法[①]

郭沫若，字鼎堂，号尚武，是中国新诗的奠基人之一、中国历史剧的开创者之一，古文字学家、考古学家、社会活动家，"甲骨四堂"之一。其重要学术著作有《中国古代社会研究》《甲骨文字研究》等。

郭沫若认为，一般来说，阅读方法的选择取决于阅读目的：一些阅读是为了学习，一些阅读是为了研究，一些阅读是为了创造，还有一些阅读是为了娱乐。不同的阅读目的导致阅读方法上的差异。

读书学习是每个人的基本需求。一个人从启蒙时代到接受义务教育，再到学有所得，在这些阶段接受教育都是为了读书学习这个目的。总体来说，学习学校课程是强制性的，因此学生必须阅读。毫无疑问，如果一个进步的国家要培养合格的公民，那么这个国家必须制订全民教育计划，且每个人都必须接受全民教育。

为研究而阅读可能是一种狭隘的阅读方式。例如，当面对一个特殊主题或问题时，我们可能需要尽最大努力去收集有关该主题或问题的所有书籍和材料，并仔细阅读。这样，我们才可以对这个主题或问题有一个全面大致的了解，可以成为这个主题或问题所在领域的权威。郭沫若的方法如下：

---

① 郭沫若. 郭沫若论创作［M］. 上海：上海文艺出版社，1983.

（1）直接探源，不受前人的束缚。

（2）收集所有信息并将其作为一件外套。

（3）毫无保留或不遗余力地检查数据，必须确保数据准确。一丝不苟，绝不放松。只有这样，研究才能取得成功。

为创造而阅读意味着观察和探查。郭沫若几乎尝试过所有形式的文学和艺术。他写过诗歌、小说、戏剧和评论。为了提升写作能力，郭沫若阅读了古今中外一些名人的作品。他在写作中经常采取这样的准备步骤。例如，为了写戏剧，他会先读一两部莎士比亚或莫里哀的作品；为了写小说，他会先读托尔斯泰或福楼拜的一两本小说。郭沫若认为，对这些作品，实际不需要全部阅读，有时只需读几页或几行就可以得到一些启发。这种方式有助于激发我们的写作兴趣。

为娱乐而读书应该是人人都抱有的目的。那些渴望在街头巷尾读漫画的人应该是这类读者中的典型。事实上，阅读本身就是一种娱乐。阅读轻松休闲的书，插图多的书，名称有趣的书，版本新、装饰精美的书，研究资料丰富的书……能让我们在工作之外的空闲时间，忘记疲劳，感受生活的乐趣。当然，我们应该对图书的选择设定限制条件。对不同质量、不同类型的书籍需要慎重选择。如果读了对身心健康有害的书，反而会因小失大、得不偿失。

小贴士：读书的目的是多元化的。一个人在一生的不同时期可能会为了不同的目的而读书。有时候是为了学习，有时候是为了研究，有时候是为了创作，有时候是为了娱乐。无论为了哪种目的，我们在阅读时都必须确保方法得当。

欧元怀:“三多”读书法①

欧元怀，字愧安，现代教育家。他自幼就读书识字，有志于学，一生致力于教育事业，曾创办大夏大学(今华东师范大学前身)，成绩显著，贡献杰出，美国西南大学特授予其荣誉博士学位。对读书方法的问题，欧元怀认为，除了眼到、口到、手到、心到和疑辨、笔记、思索之外，还要多阅读、多比较、多应用。

一、多阅读

多阅读，当然不是说有书必读，而是需要读有用的书。欧元怀认为，真欲求学的人，无论是研究社会科学的人还是研究自然科学的人，都应读几本关于常识的书。有了相当的普通常识，进而检讨本国文化的起源及世界学术的演进，而后开始专门研究工作，始得学有根基，而不至“反客为主”，常闹笑话。

二、多比较

多比较，就是说不要死读书，而应把爱读的专门探讨某一问题的图书

---

① 欧元怀. 读书生活的三多法［M］//胡适. 怎样读书. 上海：一心书店，1936.

收集起来，做比较系统的研究。试看“世事洞明皆学问，人情练达皆文章”那几句话，以及中外学者都喜欢周游列国、浏览山川，这就是寓求学于考察中的意义。因为见闻广、经验丰富，两相比较，真伪自明，不觉有左右逢源、豁然贯通之感。

三、多应用

多应用，更是求学的有效方法。现在有许多人，读书是读得很多的，然而一旦遇到实际问题，还是胸无成竹，不知怎样应付当前环境。读书不是专为书本做奴隶，而是要把书本上的道理拿到实际生活中去应用，如果读书有心得，便应将其学理活用在日常生活间。起初，要把书本知识活用到社会生活中，免不了会感受到许多不自然的痛苦；但在这种行为变成习惯后，不但不会感觉到痛苦，反而能随环境的变化而增长经验，并体会到一种特殊乐趣。越是不能活用学理的人，越不明了书中道理；反之，能活用学理的人，既可获得读书心得，又有更大机会在事业上取得成功。

小贴士：多阅读、多比较、多应用，欧元怀的“三多”读书法从更广阔的视野揭示了读书与学问的关系、读书与经验的关系、读书与实践的关系。我们只有在把握这些关系的基础上去阅读，才能读得深入，从而融会贯通、活学活用。

冯友兰:“四步”读书法①

冯友兰，中国当代著名哲学家、教育家，著有《中国哲学史》《中国哲学简史》《中国哲学史新编》《贞元六书》等，对中国现当代学界乃至国外学界影响深远，被誉为“现代新儒家”。

冯友兰的读书经验总结起来有四点：一是精其选，二是解其言，三是知其意，四是明其理。

精其选，即读经得起时间考验的经典著作。古今中外，积累起来的书真是多极了，真是浩如烟海。但是，书虽多，有永久价值的还是少数。可以把书分为三类：第一类是要精读的，第二类是可以泛读的，第三类是仅供翻阅的。所谓精读，是说要认真地读，扎扎实实地一个字一个字地读。所谓泛读，是说可以粗枝大叶地读，只要知道它大概说的是什么就行了。所谓翻阅，是说不要一个字一个字地读，不要一句话一句话地读，也不要一页一页地读。就像看报纸一样，随手一翻，看看大字标题，觉得有兴趣的地方就大略看看，没有兴趣的地方就随手翻过。现在我们称为“经典著作”或“古典著作”的书都是经受住时间考验后流传下来的。这一类书都是应该精读的书。当然随着时间的推移和历史的发展，这些书之中还要有些被刷下去。不过直到现在为止，它们都是榜上有名的。

解其言，即攻破语言文字关。我们心里先有了这个数，就可随着自己

---

① 钟雨. 中学生阅读方法词典［M］. 西安：陕西师范大学出版社，1989.

的专业选定一些需要精读的书。这就是要一本一本地读，因此在一段时间内只能读一本书，一本书读完了才能读第二本。在读的时候，先要解其言。这就是说，首先要懂得它的文字，它的文字就是它的语言。语言有中外之分，也有古今之别。就中国的汉语笼统地说，有现代汉语，有古代汉语，古代汉语统称为古文。详细地说，古文之中又有时代的不同，有先秦的古文，有两汉的古文，有魏晋的古文，有唐宋的古文。中国汉族的古书，都是用这些不同的古文写的。这些古文，都是用一般汉字写的，但是仅认识汉字还不行。我们看不懂古人用古文写的书，古人也不会看懂现在的《人民日报》。这叫语言文字关。攻不破这道关，就看不见这道关里边是什么情况，不知道关里边是些什么东西，只好在关外指手画脚，那是不行的。解其言，就是要攻破这一道语言文字关。当然在攻这道关的时候，要先做许多准备，用许多工具，如字典和词典等工具书。

知其意，即得其“弦外音，味外味”，在文字以外体会其精神实质。中国有句老话说是“书不尽言，言不尽意”。意思是说，一部书上所写的总要比写那部书的人要说的话少，他所说的话总比他要表达的意思少。一部书上所写的总要简单一些，不能像他所要说的话那样啰唆。这个缺点倒有办法可以克服。只要他不怕啰唆就可以了。好在笔墨纸张都很便宜，文章写得啰唆一点无非是多费一点笔墨纸张，那也不是了不起的事。可是言不尽意那种困难，就没有办法克服了。因为语言总离不了概念，概念对具体事物来说，总不会完全合适，不过是一个大轮廓而已。因此在读书的时候，即使书中的字都认得，话全懂，也未必能知道作书人的意思。从前人说，读书要注意字里行间，又说读诗要得其“弦外音，味外味”。这都是说要在文字以外体会它的精神实质。这就是知其意。

明其理，即只有达到“六经注我”，才能真正实现“我注六经”。除上面所说的“书不尽言，言不尽意”之外，还可再加一句“意不尽理”。理是客观的道理，意是著书人的主观认识和判断，也是客观的道理在他的主观上的反映。理和意既然有主观客观之分，两者就不能完全相合。人总是人，不是全知全能。他的主观上的反应、体会、判断和客观的道理总要有一定的差距，有或大或小的错误。因此读书仅至得其意还不行，还要明其理，才不至于为前人的意所误。如果明其理了，你就有我自己的意。我的意当然也是主观的，也可能不完全合乎客观的理。但我可以把我的意和前人的意互相比较，互相补充，互相纠正。这就可能得到一个比较正确的意。会读书的人能把死书读活，不会读书的人能把活书读死。把死书读活，就能把书为我所用；把活书读死，就是把我为书所用。能够用书而不为书所用，读书就算读到家了。从前有人说："六经注我，我注六经。"自己明白了那些客观的道理，自己有了意，把前人的意作为参考，这就是"六经注我"。不明白那些客观的道理，甚而至于没有得古人所有的意，而只在语言文字上推敲，那就是"我注六经"。只有达到"六经注我"的程度，才能真正实现"我注六经"。

小贴士：精其选、解其言、知其意、明其理的"四步"读书法深刻揭示了阅读的一般规律。我们只有选择值得读的经典著作，从言语上攻破，从意义上理解，从道理上悟透，才能最终实现从"六经注我"向"我注六经"的跨越。

茅盾:“三遍”读书法[①]

茅盾是中国现代进步文化的先驱者、著名作家、文学评论家，曾任中央人民政府文化部部长、中国作家协会主席。他的著作很多，《子夜》《林家铺子》等都是他的代表作品。人们称他为“文学巨匠”。“三遍”读书法是茅盾先生总结出的一种粗精结合、学用结合、多次反复的读书方法。

茅盾先生说：读名著起码要读三遍，第一遍最好很快地把它读完，这好像在飞机上鸟瞰桂林城全景；第二遍要慢慢地读，细细地咀嚼，注意到各章各段的结构；第三遍就要细细地一段一段地读，领会、运用，这时要注意到它的炼字炼句。茅盾的这段话，概括地阐述了“三遍”读书法的过程。

第一遍：粗读。一本书到手，要先粗略地读，获得初步印象。粗读时要“快”、要“全”、要“粗”。“快”是指要粗粗地读、泛泛地读，要很快把书读完；“全”是指要了解全书的内容，留下初步的印象；“粗”是指对书中的字、词、句、章不要仔细推敲、研究，对不认识的字、不理解的词和不懂的地方做个记号，以后再去处理。

第二遍：精读。在第一遍求得初步印象的基础上，再作精细的阅读。精读时要“慢”、要“细”、要“深”。“慢”是指要读准每个字、理解每个词、懂得每句话的意思。如果有不理解的地方，就要查字典、词典或参考

① 张景义. 名人读书方法100例［M］. 太原：山西教育出版社，1999.

资料，请教别人。要像老牛“反刍”那样，细细咀嚼吃下去的东西。这时就能深入文章，弄懂字里行间的意思，如行文思路、结构层次、各部分之间的关系、写作特点等。此外要深入了解作者的写作目的、写作时代背景、文章中赞扬了什么、反对了什么或者说明了什么等。

第三遍：消化。在粗读和精读的基础上，边读边思，反复琢磨，细细品味，把该记忆的好词语、新知识都一一记住；对书中的精华要仔细推敲，使其为自己所用；对书中的不足之处要加以识别，提出自己的看法。消化理解会激发我们的创造性思维，有助于我们提高分析问题和解决问题的能力，做到学用结合。

小贴士：“三遍”读书法简要概括了阅读名著的方法，即粗读要“快”、要“全”、要“粗”，精读要“慢”、要“细”、要“深”，消化要在粗读和精读的基础上，边读边思，反复琢磨，细细品味。

丰子恺：重复读书法[①]

丰子恺是中国杰出的现代书画家、文学家、散文家、翻译家、漫画家，被誉为“现代中国最艺术的艺术家”“中国现代漫画的鼻祖”。他毕生致力于学习和研究，在绘画、音乐和文学方面取得了巨大成就。他的作品主要包括画集、散文集和翻译作品。丰子恺认为，应该反复阅读，即在阅读下一章后，应该立即复习上一章，且在每次重复阅读时，都应该认真仔细地读。

“重复”是丰子恺的阅读秘籍。丰子恺的重复阅读是有计划和有目的的。他在读外语时，每本书都要重复阅读 22 次。具体措施如下：第 1 天，读第 1 课，要重复地读上 10 遍；第 2 天，再读第 1 课 5 遍，读第 2 课 10 遍；第 3 天，再读第 1 课和第 2 课各 5 遍，读第 3 课 10 遍；第 4 天，再读第 1 课 2 遍，读第 2 课和第 3 课各 5 遍，读第 4 课 10 遍。到第 4 天时，第 1 课已经读了 22 遍，这时在该课上边写个繁体“讀”字（22 画），标记读过。到第 5 天时，对第 2 课再读 2 遍，又读了 22 遍，再在这课上边写个“讀”字……他的这种反复阅读、分散学习的方法所产生的效果是很好的。

重复读书法适用于阅读一些经典作品。如果我们能仔细阅读几部名著，那么我们将获益良多、受益匪浅。反复阅读和记忆一本书，可以使书

---

① 张景义. 名人读书方法 100 例［M］. 太原：山西教育出版社，1999.

的内容深刻而持久地留存在我们的脑海中，否则阅读在大脑中留下的痕迹就会消失；反复阅读和记忆一本书，也可以使我们加深对书中内容的理解。一旦开始阅读，我们就需要用大脑去思考。只有经过认真思考，我们才能深刻理解这本书的内涵，并发现那些不被人注意的地方。如果我们多读几遍，就会熟能生巧。在读了这本书一段时间后，如果我们再重复阅读一遍，还会有新发现和新收获，达到“温故而知新”的效果。

小贴士：重复读书法看起来机械，但确是十分有效的“笨”办法，因为它符合艾宾浩斯遗忘曲线的科学规律。尤其是针对记忆性阅读，重复就是最好的学习方式，正所谓“读书百遍，其义自见”。

巴金:“回忆式”读书法[①]

巴金是中国现代文学史上著名的作家之一，也是一位具有世界影响力的作家。他一生都在努力写作。在其作品中，激流三部曲:《家》《春》《秋》，爱情三部曲:《雾》《雨》《电》家喻户晓。这些作品被翻译成英语、日语、法语、俄语等语言。“回忆式”读书法是巴金独特的阅读方法，是一种在没有书的情况下记住他曾经读过的书的方法。

巴金在《阅读》杂志上写道：我第二次住院。每天小睡不到一个小时后，我会起床坐在沙发上，等待护士在两点钟测体温。我会坐着不动。但我没有睡着。我的大脑拒绝休息。它让我想起过去读过的一些书和作品，好像它想保存一些东西，在我的记忆完全消失之前。事实证明，所谓的记忆方法就是静静地坐在那里，记住你读过的书。这样做的好处是什么?“回忆式”读书法的使用不受条件和环境的限制。这是巴金的个人经历。他说：如果允许我写日记，并允许我根据自己的意愿写日记，我的日记中会写满书的标题。人们会想，我的公司已经被封锁、关闭了十年了。我在哪里可以找到那些书读？他们忘记了在人们的脑海中有一家百货公司，它储存着别人拿不走的东西。这个故事充分说明，当没有阅读条件时，我们仍然可以充分利用自己的时间来“阅读”。我们可以重温旧事，学习新事物，努力吸收营养。通过回忆，我们可以“提取”过去读过的书的内容，

① 张景义. 名人读书方法100例［M］. 太原：山西教育出版社，1999.

一点一点地咀嚼，一点一点地品尝，就像反刍动物牛一样，从而消化吸收。同时，每一次回忆都会让我们有新的理解和新的发现。此外，回忆可以使人们从读过的书中汲取精神力量。巴金说：我现在正在与疾病做斗争，也受到各种各样的作品的鼓舞……虽然在生病期间我没有精力阅读新的作品，但过去积累的精神财富也足以让我度过余生。一直到死，人们都需要光明和温暖。

“回忆式”读书法实际上是一种独特而有益的阅读方法。使用“回忆式”读书法的前提是要有记忆内容，也就是要有阅读积累。巴金说：现在有两百多篇文章保存在我的脑海中，虽然我没有仔细研究过任何人，但这么多具体的事情至少可以让我了解所谓的文章搜索大赛是关于什么的。这种有意识、有计划地在头脑中储存书籍的方式是阅读和学习中不可或缺的基本要素。

小贴士：“回忆式”读书法是巴金先生在病榻中创造的一种读书方法，看似特殊且不可复制，但在我们的现实生活中其实大有用武之地。在出差的飞机上、火车上，在上下班的地铁上，我们都可以回忆曾经读过的书，并将其咀嚼、品味与消化。

华罗庚:“厚薄”法[①]

华罗庚，全国政协原副主席，数学家，中国科学院院士，美国国家科学院外籍院士，第三世界科学院院士，联邦德国巴伐利亚科学院院士，中国科学院数学研究所研究员、原所长。华罗庚是一位自学成才的数学家。除了在数学领域的巨大成就外，他的阅读方法也很独特，可以概括为“厚薄”法。

华罗庚把阅读过程总结为由厚到薄、由薄到厚、再由厚到薄的过程。他说：一本书，当未读之前，你会感到，书是那么厚，在读的过程中，如果你对各章节又做深入的探讨，在每页上添加注解，补充参考材料，那就会觉得更厚了。但是，当我们对书的内容真正有了透彻的了解，抓住了全书的要点，掌握了全书的精神实质以后，就会感到书本变薄了。

华罗庚认为，要使书“由厚到薄”，首先就要学会概读。在阅读开始时，分析内容以了解整体情况。我们还必须注意书的前言、章节的主要段落、摘要等，这些往往反映了全书的主要内容和知识的内在联系。了解知识的大致轮廓，掌握作品的创作背景、作者信息，对我们理解作品的主要内容很有帮助。

---

① 孙琴安. 名家读书法［M］. 上海：上海辞书出版社，2001.

其次，要使书“由薄到厚”，我们必须学会仔细阅读。这也是阅读的主要阶段。当第一次读一本书时，我们应慢慢地、逐字逐句地读。仔细阅读的首要任务是搞懂书里讲的是什么。例如，我们可以在字典中查询每个生词，结合上下文分析每个不懂的句子，并对不懂的地方进行注释。我们还可以阅读一些参考书和资料。在仔细阅读时，我们应勤于思考，这样才能深入理解。所谓“俯而读，仰而思”就是对这种思考的真实写照。我们可以从作者的角度出发，思考他想要表达什么内容，并把握文章的思想和脉络。有时书中的观点和想法与读者的观点和想法相去甚远，而对书中的内容进行质疑会加深我们对知识的理解。怀疑是活跃思维和挖掘创造性潜能的有效手段；提问则是阅读和学习中最能产生成效的方式。在仔细阅读的过程中，越来越多的内容被联系起来，书逐渐变得“厚重”。华罗庚说:“切不要以为‘会背会默，滚瓜烂熟’便是读懂书了。如果不逐步提高，不深入领会，那又与和尚念经有何差异呢!”

最后，应使这本书“再由厚到薄”。华罗庚建议重读，即复习阅读内容。如果我们说，仔细阅读是为了深入理解知识，那么重读就是为了从知识中跳出来，站在一个更高的层次来看待所有问题。在重读的过程中，我们必须厘清知识间的逻辑关系，分析知识应用的语境，列出知识的结构大纲，使知识条理化。在分析归纳的基础上，抓住本质，把握整体。经过如此仔细的分析，我们会觉得要记住的事情不多了。这就是“再由厚到薄”的过程，可以真正提高阅读效率。“基本”是系统知识的根据和出发点，是我们在理解和应用知识的过程中大量反复使用的事物，是知识结构的核心内容。当我们理解了什么是基本内容，就理解了知识的内涵，也就达到了将书读“薄”的目的。

经过反复阅读，我们熟悉了书中的知识结构，理解了书中的基本内容，掌握了运用知识的主要技能。这样，带给我们的感觉将是书中的主要内容越来越少，而书变得越来越“薄”。

小贴士：“厚薄”法蕴含了深刻的辩证法思想。由厚到薄、由薄到厚、再由厚到薄的过程即阅读中理解、吸收和消化的过程。把书读薄、读厚、再读薄不仅是一种读书方法，更是一种读书境界。

魏书生："四遍八步"读书法[1]

魏书生是当代著名教育改革家，获全国劳动模范、全国中青年有突出贡献的专家、首届中国十大杰出青年等殊荣。魏书生的学识是靠自学获得的。他在《我这样做老师》中谦虚地说：到今天，已经曲曲折折地走完了二十年的自学道路，唯其路途漫长，才更觉成果的微不足道。他在教给学生读书方法、培养学生自学能力方面是很有建树的。他总结并指导学生实践的"四遍八步"读书法受到学生的欢迎，也受到专家学者的一致好评。

"四遍八步"读书法是通过跳读、速读、细读、精读几个步骤来读懂一篇文章的重要方法。

魏书生在《教给学生自学语文的方法》一文中以读总体的语文书、读一本语文书、读一类课文、读一篇课文为例，总结了教给学生的"四遍八步"读书法。具体步骤如下：

第一遍是跳读，要求完成第一步任务，即记梗概；完成第二步任务，即记住主要人、事、物和观点。第一遍的阅读速度是每分钟 1 500 字。

第二遍是速读，要求完成第三步任务，即复述内容；完成第四步任务，即理清结构。第二遍的阅读速度是每分钟 1 000 字。

第三遍是细读，要求完成第五步任务，即理解字词句；完成第六步任务，即圈点摘要；完成第七步任务，即归纳中心思想。第三遍的阅读速度

---

① 张景义. 名人读书方法 100 例［M］. 太原：山西教育出版社，1999.

是每分钟200字。

第四遍是精读，要求完成第八步任务，即分析写作特点。第四遍的阅读速度不限。

此外，魏书生还要教给学生完成每一步任务的具体方法。

例如，在划分文章的层次段落时，如果是记叙文，那么可以从以下几个方面去考虑：①按照时间顺序；②按照空间顺序；③以时间为经度，以地点为纬度去安排顺序；④按照作者的认识变化过程；⑤按照表达方式的不同等。

又如，在归纳一篇文章的中心思想时，一般从以下6个方面去考虑：①文题的提示（有的文题就是中心）；②开头结尾的提示；③抒情议论部分的提示；④综合各段段意；⑤分析人物形象；⑥联系时代背景等。

再如，在分析文章的写作特色时，要从以下5个方面入手：①看文章中心是否有深远的社会意义；②是否围绕中心选择典型、新颖的材料，取舍、详略是否得当；③从首尾、过渡、层次结构方面看特色；④看表达方式是否灵活多变并符合文体要求；⑤看语言风格和语言是否准确、简洁、生动等。

魏书生指出，学生在掌握方法之后再读书，情形就大不一样了。学生首先使用演绎思维和方法去分析每篇文章，对在实践中遇到的问题加以归纳综合，然后补充订正，从而加深理解。这样，学生既掌握了方法，又训练了思维能力。

“四遍八步”读书法是通过明确阅读步骤、方法和任务，提高阅读效率，培养自学能力的有效读书方法；是在教和学的实践中总结出来的，适合广大青少年的有效读书方法。

小贴士：“四遍八步”读书法是操作性较强的有效阅读方法。它能够帮助读者掌握文章概要、划分段落层次、归纳中心思想，进而提升阅读能力。

培根:“尝·吞·嚼”读书法[①]

弗兰西斯·培根是英国文艺复兴时期的散文家、哲学家，实验科学、近代归纳法的创始人，科学研究程序得以逻辑组织化的先驱。他一生孜孜不倦地开展科学研究活动，在众多领域内为人类留下了丰硕成果和重大发现。马克思、恩格斯称培根是“英国唯物主义的第一个创始人”，是“整个实验科学的真正始祖”。培根强调发展自然科学，提出“知识就是力量”的口号。他的主要著作有《新工具》《论科学的增进》及《学术的伟大复兴》等。《论读书》一文则介绍了他的学习思想和学习方法。“尝·吞·嚼”读书法就是其中之一。

“尝·吞·嚼”是一种比喻的修辞手法。它的意思是针对不同的书，采用选读、泛读、精读等不同的读书方法，强调读书方法的多样化。

弗兰西斯·培根说:“有些书只需浅尝，有些书可以狼吞，有些书要细嚼慢咽，慢慢消化。”也就是说，有的书只需选读，有的书只需浏览，而有的书必须全部精读。我们把弗兰西斯·培根所讲的这种读书方法概括为“尝·吞·嚼”读书法。“尝”，即选读，择其要者，尝尝足矣，不必通读全书;“吞”，即泛读，囫囵吞枣、走马观花，浏览一遍，知其梗概即可;“嚼”，即精读，细细咀嚼，反复思考、体会，汲取精华。

弗兰西斯·培根还说:有的知识只要浅尝即可，有的知识只要粗知即

---

① 张景义. 名人读书方法 100 例 [M]. 太原：山西教育出版社，1999.

可，只有少数专门知识需要深入钻研、仔细揣摩。所以，有的书只读其中一部分即可，有的书只知其中梗概即可，而对少数好书，则要精读、细读、反复地读。这里他仍然强调的是根据不同的书采用不同的读书方法，不同的书要区别对待，有的书要“浅尝”，有的书要“粗知”，而有的书要“钻研”“精读”。

弗兰西斯·培根对读书提出了很多精辟的理论，这些理论对我们很有启发。例如，他说：“人类智慧的结晶以及他们的研究成果，皆留存于书中。时光无法消磨它们。它们能够得以再现，并给人以新的感受。”“书籍是思想的航船，在时代的波涛中破浪前进。它满载贵重的货物，运送给一代又一代。”他还说：“读书足以怡情，足以博采，足以长才。”

小贴士：“尝·吞·嚼”读书法形象而生动地阐释了因书制宜的读书方法。有些书需要浅尝辄止，有些书需要走马观花，而有些书则需要细细咀嚼。针对不同的书，我们应采用不同的阅读方法，以达到事半功倍的效果。

富兰克林：复述读书法[①]

本杰明·富兰克林（Benjamin Franklin），美国政治家、科学家、印刷商、出版商、作家、发明家及外交官，是美国开国元勋之一。他首次发现雷电是自然现象，发明了避雷针，制造出白炽灯、水下传声器及老年人用的双焦距离眼镜等。他还在气象学、地质学、数学、农学、生物学、化学等领域取得不少成就。他是世界上为数不多的文理兼通的科学家。

富兰克林从一个平平无奇的印刷工一跃成为传奇式的科学家，是与其勤奋读书，善于从书本中获取知识分不开的。富兰克林的父亲是以做肥皂和蜡烛谋生的，母亲负责抚养 17 个孩子。富兰克林是最小的孩子，只上了两年小学就开始做苦工，帮助父亲剪烛芯、灌烛模。他的丰富知识主要来自勤奋刻苦的读书和正确有效的读书方法。复述读书法就是他常用的读书方法。

复述读书法是指通过口头或笔头来复述原作，并在模仿、对比、修改中把握意蕴的一种读书方法。复述读书法的具体步骤如下：

首先，阅读原文并做总结。在阅读完一篇文章后，富兰克林通常会深入思考，理解主要内容，进行总结，并做好笔记。这样，在阅读、思考和写作之后，他可以深刻地理解这篇文章并牢牢记住它。

其次，勤看摘要，回忆复述。几天后，富兰克林拿着他写的摘要，仔

① 张景义. 名人读书方法 100 例 [M]. 太原：山西教育出版社，1999.

细阅读，并借助摘要回忆书中所讲的内容。尽量不读原著，但我们要用我们所能想到的适当的词语来扩写摘要，使其与原著基本相同。这是复述阅读内容的重要步骤。在复述的过程中，如果我们记不住某些内容或对某些内容记错了，那么可以先将其搁置，留待下一步解决。如果发现错误或复述内容与原文内容不一致的地方，必须及时予以修正。我们应把原文找出来，将其与复述内容进行比较，找出错误并改正。在比较中，我们可以发现自身的弱点，提升自己，并不断取得进步。例如，当发现自己的词汇量不够时，我们可以努力积累，以持续增加词汇量。

最后，重新组织和改写，不断改进。

经过以上三个步骤，富兰克林对所读作品有了深刻的理解。在此基础上，他凭记忆重写了原文。例如，他把散文改写成诗歌，再改写为散文，并试图将散文恢复到原始状态。改写后的散文与原文相比，可能存在许多错误。在寻找错误原因的过程中，富兰克林学会了遣词造句、谋篇布局等技巧。随着时间的推移，他发现自己的写作水平得到显著提高。后来，富兰克林为报社工作，利用休息时间练习写作，并以笔名在报纸上发表文章。就这样，他发表了很多精彩、生动、感人的文章，赢得了编辑和读者的赞誉。

小贴士：富兰克林的复述不是简单的重复，而是模仿和创造。因此，这种复述读书法是在模仿、比较和修正的过程中提升阅读能力与写作水平的重要方法。

卢梭："三步"读书法[①]

卢梭，18世纪杰出的法国启蒙思想家、哲学家、教育家、文学家，民主政论家和浪漫主义文学流派的开创者，启蒙运动代表人物之一。主要著作有《论人类不平等的起源和基础》《忏悔录》《植物学通信》等。小时候，由于贫困，因此他在中断学习12年后，开始自谋生计，当学徒、跟班、家庭教师、私人秘书等。他通过自学掌握了丰富的知识。他广泛阅读，研究文学、音乐、数学、天文学、地理、历史、生物等书籍，使自己逐渐成为一名杰出的学者，撰写了具有重要历史地位的文学著作《新爱洛伊丝》、影响最大的政治学著作《社会契约论》、讨论儿童教育问题的不朽名著《爱弥儿》等。

"三步"读书法是一种科学地学习书本知识的好方法。它的实质是在广泛阅读的基础上，加以分析、比较，进而在批判的基础上吸收。"三步"读书法包括储存→比较→批判三个步骤。

一、储存

储存是指广泛阅读、大量吸收。读书时，我们应采取"拿来主义"的态度，将每本书的观点结合起来，全部放进大脑，但不做分析和评论。这

① 张景义. 名人读书方法100例［M］. 太原：山西教育出版社，1999.

是一个广泛而系统地积累知识的过程。此举可丰富知识、增加资讯量，使我们眼观六路、耳听八方。

二、比较

比较是指在储存的基础上进行分析、对比。卢梭经常在闲暇时旅行或休息，回忆脑海中存储的知识，并将其同其他各种材料作仔细分析和横向对比。通过分析、比较、判断，他获得了很多可靠的知识和见解，并能清楚地辨别真理和谬论，为形成自己的观点和思想奠定了坚实的基础。

三、批判

批判意味着基于储存和比较来确立自己的立场、汲取有益的知识、摒弃错误的要素和剔除无用的东西。这个步骤的实质是将书中的内容与实践相联系，从而形成自己的独特观点。这是一个重要而具有决定性意义的步骤，因为我们只有掌握了“批判”的方法，才能真正学会阅读。

卢梭的储存、比较、批判是相辅相成、不可分割的，前两个步骤是第三个步骤的基础，而第三个步骤是对前两个步骤的升华。进行完这三个步骤后，我们不仅可以全面、系统地掌握一本书的观点和内容，而且能够挣脱某种意见的束缚去客观地评论书中的见解，抓住其本质，去粗取精、去伪存真，形成自己的独特观点，进而真正读懂这本书，汲取它的营养。

小贴士：卢梭的“三步”读书法要求我们既能钻到书里去，又能从书中跳出来，在存储中比较、在比较中批判，高屋建瓴地透过现象看本质，既要吸收知识的营养，又要超越书本本身。

罗斯金："开凿冶炼"读书法[①]

约翰·罗斯金既是英国作家、艺术家、艺术评论家，又是哲学家、教师和业余地质学家，曾任牛津大学美术教授。幼年时期，约翰·罗斯金就表现出对书籍的热爱，并从青年时期就开始文学创作。约翰·罗斯金一生喜欢读书，其作品甚多，具有文字优美、掷地有声的特点，尤以政论著名。他的有关艺术问题的重要作品有《现代画家》《建筑的七盏灯》《威尼斯之石》及论文和演讲稿。

"开凿冶炼"读书法是将读书比作采矿的一种读书方法。采矿的目的是得到某种金属，而读书的目的是掌握书中的思想观点和艺术技巧。

约翰·罗斯金曾说："当你在读一本好书时，你必须问问自己，我能像一位澳大利亚的矿工那样适于自己的工作吗？我的十字镐和铲子都就绪了吗？我自己准备妥帖了吗？我的袖子是否已卷到双肘，我的呼吸是否匀称，我的心情是否正常？这样多问问极有好处，因为既然你所要寻求的金属就是作者的心灵与深意，那么他的语言便是你要获得金属前所必须敲碎和冶炼的岩石，你的十字镐是你自己的专心、机智与学问，你的熔矿炉是你自己的善于思考的灵魂。要是没有上述的工具与火，你就别想理解任何一个优秀作家的深意。在你能取得一丁点儿金属之前，你常常需要先作最锐利、最漂亮的开凿和耐心非凡的冶炼。"

---

① 钟雪风. 名人读书法［M］. 呼和浩特：远方出版社，2006.

约翰·罗斯金把读书比作采矿，把采掘的金子比作作者的心灵与深意，把敲碎和冶炼的岩石比作语言，把十字镐比作读书人的专心、机智与学问，把熔矿炉比作善于思考的灵魂，把冶炼过程比作思考过程。

约翰·罗斯金告诉我们，如果我们想探求书中的思想和观点、艺术技巧，就必须做好心理准备。在读书之前，我们要静下心来、排除干扰、消除杂念，集中精力，专心读书，必须备好字典、辞典等工具书及笔记本；在读书时，我们必须做到“耐心之至”，边读边思考，积极动脑。正像罗斯金所说的那样：“读一部经典必须养成深入钻研的习惯，要一点一滴，仔仔细细地弄清每个词的确切意义，就如吃桃肉和冶炼矿石，才能寻到精华。”此外，约翰·罗斯金认为，在阅读时，我们还要联系以往的知识，做到举一反三、触类旁通。

小贴士：“开凿冶炼”读书法捕捉住了阅读的灵魂，即阅读是为了探寻作者的思想和观点。这一过程就像采矿一样。大浪淘沙之后，方能见着真金。

凡尔纳：卡片读书法[①]

儒勒·凡尔纳是19世纪的法国小说家、剧作家及诗人。他一生创作了大量优秀的文学作品，对科幻文学流派有着重要的影响。因此他与赫伯特·乔治·威尔斯一道，被称作“科幻小说之父”，也被誉为“科学时代的预言家”。儒勒·凡尔纳的作品以丰富的想象力而著称，具有震撼灵魂的艺术力量。他的作品极其丰富，仅科幻小说就有104部。他堪称世界上多产的一流作家。与《格兰特船长的儿女》一样，《地心游记》《神秘岛》《海底两万里》等作品都具有极高的艺术价值，目前已被翻译成多种语言，在全世界广泛传播。

儒勒·凡尔纳之所以能够创作出大量高质量的作品，是因为他读了很多，记了很多，也积累了更多。卡片读书法对他的帮助很大。记卡片不是简单的誊录和抄写，而是一种科学的学习和研究方法。儒勒·凡尔纳曾说自己有一家“写作公司”在帮助他写作。否则，他一个人怎么能有如此丰富的经验、充足的时间、渊博的知识来写这么多作品呢？这个说法引起了一位记者的兴趣。有一天，这位记者专程去拜访，坚持要找到“写作公司”的秘密。儒勒·凡尔纳带着记者来到他的工作室，微笑着指着许多橱柜说：“这就是你要找的‘写作公司’。”记者好奇地打开一个柜子，看到柜子里有两万多张卡片，卡片上写着各种材料。记者很惊讶，原来儒勒·

① 张景义．名人读书方法100例［M］．太原：山西教育出版社，1999.

凡尔纳写的所有作品都来自这些小卡片。

虽然儒勒·凡尔纳擅长写作科幻小说，但他从不胡思乱想、瞎编乱造。例如，在构思小说《海底两万里》之前，他查询了 2 000 年前亚历山大利用密封容器探测海底的相关记录，参考了 18 世纪美国发明家富尔顿所画的潜艇设想草图。又如，为了写作小说《从地球到月球》，他阅读了 500 多本参考书和百余篇科学文章。最后呈现的小说能让读者身临其境，体验月球之上的奇妙生活。为了满足写作的需要，他全身心投入，大量购买图书、期刊等，仅报纸就订阅了 20 多份。当阅读这些资料的时候，他会把自己认为有用的信息都写在卡片上，以帮助记忆和写作。

小贴士：如果一个人想要在学业或事业上取得一定成就，那么他就应该坚持记卡片、做笔记，并长期积累下去。在阅读过程中，我们一旦发现有价值的信息，就应像对待宝藏一样妥善将其收藏。天才在于勤奋，知识在于积累，事业贵在坚持。

高尔基:“早·晚·零”读书法[①]

马克西姆·高尔基(Maxim Gorky)是苏联无产阶级作家、诗人、评论家、政论家、学者。国际无产阶级革命的伟大导师和精神领袖列宁称他为社会主义现实主义文学奠基人、无产阶级艺术最伟大的代表者、无产阶级革命文学导师、苏联文学的创始人之一。他的主要作品包括自传体三部曲《童年》《在人间》和《我的大学》、散文诗《海燕》。其长篇小说《母亲》则塑造了无产阶级革命者的英雄形象,列宁赞誉它是一部“非常及时的书”,是苏联社会主义现实主义文学的奠基作品,在世界文学史上开辟了无产阶级文学的新纪元。

高尔基出生在一个木匠家庭,在年轻时失去了父亲。他只上了两年学,从11岁起,就到处流浪,收集破布,当童工、学徒、守门人、面包师等。尽管高尔基整天过着艰苦而悲惨的生活,但他从未失去对学习的热情。每日辛苦工作之后,他还要发奋学习。正如他所说:“我扑在书籍上,就像饥饿的人扑在面包上一样。”“早·晚·零”读书法是他在早晚的零散时间里孜孜不倦地追求知识的有效阅读方法。

---

① 张景义. 名人读书方法100例[M]. 太原:山西教育出版社,1999.

一、早读

养成早读的习惯有助于提高阅读效率。在残暴的沙皇统治时期，高尔基不能进入学校学习，只能靠自己勤奋不懈的努力。为了读书，他受尽了屈辱。然而，幼年时期做学徒的他太穷了，买不起书，于是经常借书来读。那个时候的学徒说好听点叫学龄前徒，难听点就是奴仆。他经常趁人们不注意的时候，偷偷地读书。即使经常挨打被骂，他也从未想过放弃。为了争取更多的读书时间，他在黎明时分就起床。随着时间的推移，他养成了早读的习惯。

二、晚读

灯下的时间也很宝贵。高尔基曾在一位漫画家的家中做仆人，不得不忍受来自画家太太的虐待。为了防止高尔基在晚上点灯看书，这位尖酸刻薄的家庭主妇在蜡烛上做了标记，以防高尔基在其疏忽大意的时候挑灯夜战。高尔基明白，阅读的条件只能由自己创造，阅读的权利只能靠自己争取。因此，他经常躲在壁橱里、爬到屋顶上读书。晚上，在没有蜡烛来照明时，他就刮掉烛台上的蜡油，把它存放在盒子里，用断了的棉线做根灯芯，在昏暗的烛光中看书。即使眼睛被烟熏红了，他也并不在意。

三、零读

零读意味着随时随地阅读。高尔基曾在一艘轮船上做洗碗工。在船上，厨师史默利给了他许多书看。高尔基就利用所有空闲时间来学习，渴望从书本上获得源源不断的知识。

其实，“高尔基”是一个笔名，在俄语中的意思是“痛苦”。高尔基原名阿列克赛·马克西姆维奇·彼什科夫，因为他经历了很多苦难，所以一直使用这个笔名。高尔基在学习中反映出来的坚定信念、顽强意志令人钦佩。他在如此艰苦的条件下仍手不释卷、孜孜以求，最终成为一代文学巨匠。

小贴士： 高尔基充分利用早晨、晚间、零碎的时间阅读，这反映出其可贵的学习品质。当前，我们处于高度信息化的时代，平板电脑、手机、智能可穿戴设备等日益普及。虽然知识的传播媒介在不断改变，但我们对知识的渴望、对书籍的热爱不应该改变。

罗宾逊：SQ3R 读书法[①]

SQ3R 读书法是美国教育家罗宾逊在其著作《有效学习方式》(*Effective Study*)中提出的一种读书方法。该方法尊重学生的主体性，倡导学生采取自主学习的方式来阅读，是一度在美国各大学流行的学习专业课程的方法。

S 代表浏览(survey)，即快速阅读书的序言、目录、摘要，并判断该书需不需重读、哪些内容或章节需要精读、可能会遇到哪些难点。

Q 代表提问(question)，即根据学习目的进行粗读，并提出疑问。例如，把标题改为问题，带着问题在书中寻找答案，从而加深对文章的理解。

3R 分别代表阅读(read)、背诵(recite)、复习(review)。

阅读是指积极调动各种感官、带着问题、逐字逐句地精读，不漏掉注解、附录、参考文献，对有疑问之处查阅工具书，对专门术语要弄清楚其真实意思，可圈点、勾画重点，尤其应重视章首、章末的关键文字和重点段落，并作笔记，努力做到眼到、口到、心到、手到，以深入挖掘文字背后的深层含义，把握书中的思想精髓。

背诵是指在理解的基础上强化记忆。背诵并不是指对全文死记硬背，而是指提纲挈领、消化吸收，记住公式、定理及其他重要内容。

---

① 吴光远. 受益一生的 41 种学习方法 [M]. 北京：海潮出版社，2005.

复述即回忆。在这个阶段，我们应再次阅读，对首次阅读中所提出的问题做尝试性解答，并合上书，回忆每个部分的主要内容，以检验学习和记忆效果。这种主动、及时的回忆，有助于我们集中注意力，发现尚未解决的难点并予以重点攻克，同时有助于增强学习和记忆效果。

小贴士：SQ3R 读书法包括五个科学步骤，有助于我们在阅读时集中注意力和提高阅读速度，增强学习和记忆效果，比较适合用于阅读重要的专业图书，是一种操作性强、效果好的读书方法。

范例篇

孟子说：尽信书，则不如无书。“削足适履”的荒谬就在于它使人对书籍盲目迷信，而忘记了自身拥有的价值及创造力。因此读书的目的应该是指导实践，真正实现理论与实践的接轨。读者在阅读中带入自身的所见所闻，以拉近自身与作品的距离，和作者对话，在阅读中思考人生或未来梦想，如此方能将书读得更透，使其更具阅读价值。

在本篇中，编者选取了许多名家在读经典名著时的所思所感。譬如，老舍在读《红楼梦》时从一个作家的角度赞叹其中的人物塑造，并根据丰富的经验思考如何更好地阅读《红楼梦》；舒大刚在评论《中华传统文化当代价值论》时，从历史与现实的角度出发，进行了深入剖析，并提出了改进意见。梁中和在《答薄伽丘的爱情之问》中回答了爱情的选择问题，读出了自己的体会。王书君在读《舌尖上的中国》时，在味蕾诱惑中增强了文化自信。

读者可以抱着学习的态度去品味名家随笔，既可以观其大略，于作品的内容与艺术特色中求得会意所在；亦可以放慢脚步，在名篇的内涵中沉潜感悟。“一千个读者有一千个哈姆雷特”，这种思想的交流与碰撞无疑也是一个收获与进步的过程。

老舍:《红楼梦》并不是梦[①]

我只读过《红楼梦》，而没作过《红楼梦》的研究工作。

很自然的，在这里我只能以一个小小的作家身份来谈谈这部伟大的古典著作。

我写过一些小说。我的确知道一点，创造人物是多么困难的事。我也知道：不面对人生，无爱无憎，无是无非，是创造不出人物来的。

在一部长篇小说里，我若是写出来一两个站得住的人物，我就喜欢得要跳起来。

我知道创造人物的困难，所以每逢在给小说设计的时候，总要警告自己：人物不要太多，以免贪多嚼不烂。

看看《红楼梦》吧！它有那么多的人物，而且是多么活灵活现、有血有肉的人物啊！它不能不是伟大的作品；它创造出人物，那么多那么好的人物！它不仅是中国的，而且也是世界的，一部伟大的作品！在世界名著中，一部书里能有这么多有性格有形象的人物的实在不多见！

对这么多的人物，作者的爱憎是分明的。他关切人生，认识人生，因而就不能无是无非。他给所爱的和所憎的男女老少都安排下适当的事情，使他们行动起来。借着他们的行动，他反映出当时的社会现实。这是一部伟大的现实主义作品，而绝对不是一场大梦！

---

① 本文原载于1954年的《人民文学》12月号。

我们都应当为有这么一部杰作而骄傲！

对于运用语言，特别是口语，我有一点心得。我知道这不是一件容易的事。

首先要知道：有生活才能有语言。文学作品中的语言必须是由生活里学习来的，提炼出来的。我的生活并不很丰富，所以我的语言也还不够丰富。

其次，作品中的人物各有各的性格、思想和感情。因此，人物就不能都说同样的话。虽然在事实上，作者要写大家的语言，可是他必须一会儿是张三，一会儿又是李四。这就是说，他必须和他的人物共同啼笑，共同思索，共同呼吸。只有这样，他才能为每个人物写出应该那么说的话来。若是他平日不深入地了解人生，不同情谁，也不憎恶谁，不辨好坏是非，而光仗着自己的一套语言，他便写不出人物和人物的语言，不管他自己的语言有多么漂亮。

看看《红楼梦》吧！它有多么丰富、生动、出色的语言哪！专凭语言来说，它已是一部了不起的著作。

它的人物各有各的语言。它不仅教我们听到一些话语，而且教我们听明白人物的心思、感情；听出每个人的声调、语气；看见人物说话的神情。书中的对话使人物从纸上走出来，立在咱们的面前。它能教咱们一念到对话，不必介绍，就知道那是谁说的。这不仅是天才的表现，也是作者经常关切一切接触到的人，有爱有憎的结果。

这样，《红楼梦》就一定不是空中楼阁，一定不是什么游戏笔墨。

以上是由我自己的写作经验体会出《红楼梦》的如何伟大。以下，我还是按照写作经验提出一些意见：

一是我反对《红楼梦》是空中楼阁，无关现实的看法：我写过小说，我知道小说中不可能不宣传一些什么。小说中的人物必须有反有正，否则毫无冲突，即无写成一部小说的可能。这是创作的入门常识。既要有正有反，就必有爱有憎。通过对人物的爱憎，作者就表示出他拥护什么，反对什么，也就必然地宣传了一些什么。不这样，万难写出任何足以感动人的东西来。谁能把无是无非，不黑不白的一件事体写成感动人的小说呢?《红楼梦》有是有非，有爱有憎，使千千万万男女落过泪。那么，它就不可能是无关现实，四大皆空的作品。

二是我反对“无中生有”的考证方法：一部文学作品中的思想、人物和其他的一切，都清楚地写在作品里。作品中写了多少人物，就有多少人物，别人不应硬给添上一个，或用考证的幻术硬给减少一个。作品里的张三，就是张三，不许别人硬改为李四。同样的，作品中的思想是什么，也不准别人代为诡辩，说什么那本是指东说西，根本是另一种思想，更不许强词夺理说它没有任何思想。

一个尊重古典作品的考据家的责任是：以唯物的辩证方法，就作品本身去研究、分析和考证，从而把作品的真正价值与社会意义介绍出来，使人民更了解、更珍爱民族遗产，增高欣赏能力。谁都绝对不该顺着自己的趣味，去“证明”作品是另一个东西，作品中的一切都是假的，只有考证者所考证出来的才是真的。这是破坏民族遗产！这么考来考去，势必最后说出：作品原是一个谜，永远猜它不透！想想看，一部伟大的作品，像《红楼梦》，竟自变成了一个谜！荒唐！

我没有写成过任何伟大的作品，但是我决不甘心教别人抹杀我的劳动，管我的作品叫作谜！我更不甘心教我们的古典作品被贬斥为谜！

三是我反对《红楼梦》是作者的自传的看法：我写过小说，我知道无论我写什么，总有我自己在内；我写的东西嘛，怎能把自己除外呢？可是，小说中的哪个人是我自己？哪个人的某一部分是我？哪个人物的一言一行是我自己的？我说不清楚。创作是极其复杂的事。人物创造是极其复杂的综合，不是机械的拼凑。创作永远离不开想象。

我的人物的模特儿必定多少和我有点关系。我没法子描写我没看见过的人。可是，你若问：某个人物到底是谁？或某个人物的哪一部分是真的？我也不容易说清楚。当我进入创造的紧张阶段中，我是随着人物走，而不是人物随着我走。我变成他，而不是他变成我，或我的某个朋友。不错，我自己和我的某些熟人都可能在我的小说里，可是，我既写的不是我，也不是我的某些朋友。我写的是小说。因为它是小说，我就须按照创作规律去创造人物，既不给我写自传，也不给某个友人写传记。你若问我：你的小说的人物是谁？我只能回答：就是小说中的人物。

我的作品的成功与否，在于我写出人物与否，不在于人物有什么“底版”。

假若我要写我自己，我就写自传，不必写小说。即使我写自传，我写的也不会跟我的一切完全一样，我也必须给自己的全部生活加以选择。

有的“考证家”忘了，或不晓得，创作的规律，所以认为《红楼梦》是自传，从而拼命去找作者与作品中人物的关系，而把《红楼梦》中的人物与人物的关系忘掉，也就忘了从艺术创作上看它如何伟大，一来二去竟自称之为不可解之谜。这不是考证，而是唯心的夹缠。这种“考证”方法不但使“考证家”忘了他的研究对象是什么，而且会使某些读者钻到牛犄角里去——只问《红楼梦》的作者有多少女友，谁是他的太太，而忘了《红楼梦》的社会意义。这是个罪过！

是的，研究作家的历史是有好处的。正如前面提过的，作家在创作的时候，不可能把自己放在作品外边。我们明白了作家的历史，也自然会更了解他的作品。

可是，历史包括作家个人的生活和他的时代生活。我们不应把作家个人的生活从他的时代生活割开，只单纯地剩下他个人的身世。专研究个人的身世，而忘记他的时代，就必出毛病。从个人身世出发，就必然会认为个人的一切都是遗世孤立，与社会现实无关的。这么一来，个人身世中的琐细就都成为奇珍异宝，当作考证的第一手资料。于是，作家爱吸烟，就被当作确切不移的证据——作品中的某人物不也爱吸烟吗？这还不是写作家自己吗？这就使考证陷于支离破碎，剥夺了作品的社会意义。

过去的这种烦琐考证方法，就这么把研究《红楼梦》本身的重要，转移到摸索曹雪芹的个人身边琐事上边去。一来二去，曹雪芹个人的每一生活细节都变成了无价之宝，只落得《红楼梦》是谜，曹雪芹个人的小事是谜底。我反对这种解剖死人的把戏。我要明白的是《红楼梦》反映了什么现实意义，创造了何等的人物等等，而不是曹雪芹身上长着几颗痣。

是时候了，我们的专家应该马上放弃那些猜谜的把戏，下决心去严肃地以马列主义治学的精神学习《红楼梦》和其他的古典文学作品。

小贴士：读小说不仅要读书中的人物，还要读书中的语言、读书中宣传的思想。在读的过程中，我们要始终坚持正确的立场，以唯物辩证法为指导，才能保证不偏离方向。

舒大刚：学术与治理结合的成功尝试

——读钱海新著《中华传统文化当代价值论》[①]

文化是一个民族的永恒记忆，也是一个国家突出的特征。文化兴则民族兴，文化强则国家强。

自从中国共产党第十六届中央委员会第五次全体会议发出深化文化体制改革的号召以来，历经党的十八大、党的十九大的系统提倡，全党、全国人民围绕文化自觉、文化自信和文化自强做了大量有益探索，如开展学术研究、制定和发布政策法规等。十余年来，大量考证文化史、学术史的书籍，文化产业，有关文化体制改革、文化教育改革和文化传承发展的意见和措施纷纷涌现。文化事业和文化产业的发展出现了前所未有的繁荣景象，其成果之丰富、形式之多样，亘古无双！但是这些成果，或者偏于学术探索，或者重于政策解读，未必都能契合学者之心，也未必都适合政策制定参考之用。若就内容的学术性和实用性来看，钱海所著《中华传统文化当代价值论》（孔学堂书局 2019 年 9 月出版）无疑是其中的翘楚。

该书作者学术功底深厚，该书篇章结构系统完整。该书的总体策划和主要撰写者，系多年在贵州和海南从事文化建设和管理工作的负责人，写作团队也由这些活动的参与者和实践者组成。他们兼具理论高度、政策深

① 舒大刚．学术与治理结合的成功尝试：读钱海新著《中华传统文化当代价值论》［J］．孔学堂，2020，7（1）：94-97.

度和严谨的学术态度，因此全书立意高远、系统严密。该书既有健全完备的架构和体系，又有明确的政策指向和实施路径。

其一，该书开宗明义。

首先，该书重申和强调了“坚定文化自信”，从辩证唯物主义和历史唯物主义出发，论述了“中华优秀传统文化是我们民族的根和魂”“中华优秀传统文化是中华民族的突出优势”，指出我国各民族、各团体“最深层次的认同是文化认同”，在新时代的重要任务是“弘扬中华优秀传统文化，增强文化自信”。该书以较大篇幅系统阐释了“中华优秀传统文化，积淀着中华民族最深沉的精神追求，包含着中华民族最根本的精神基因，代表着中华民族独特的精神标识”，并对“讲仁爱”“重民本”“守诚信”“崇正义”“尚和合”“求大同”六大主题进行系统论述，从而确立了新时代传承和发展中华优秀传统文化的核心精神。

其次，在传承和发展中华优秀传统文化的态度上，作者以实事求是的态度，探讨了传统文化中所具有的历史局限性及与时俱进、随事日新的可能性，主张对传统文化进行“创造性转化、创新性发展”，使之具有适应新时代、引领实现中国梦的现实可行性。作者以古为今用、返本开新、去粗取精、经世致用的理念和逻辑，使传统与现实结合、古典与日新统一、学术与治理互契，专题论述了“培育和践行社会主义核心价值观必须立足中华优秀传统文化”“中华优秀传统文化可以为治国理政提供有益启示”“中华优秀传统文化是最深厚的文化软实力”“实现中国梦必须大力弘扬中华优秀传统文化”等事关当代治理的问题，为中华优秀传统文化的资治辅政提供了实施方略。

再次，在传承和发展中华优秀传统文化的方法上，作者毫不含糊地探讨了现实可行性，认为对中华优秀传统文化最有效的继承便是“让中华优秀传统文化活起来”，使中华优秀传统文化焕发青春活力和散发时代气息，让世人看得见、摸得着，并使之活灵活现，为人们喜闻乐见。作者还揣着文化惠民、文化济世的情怀，专章论述了赓续中华文脉之路，那就是中华优秀传统文化必须触及民族的个体和灵魂，让中华优秀传统文化内化于心、外化于行，畅于四肢，发于事业，此即儒家提倡的“自天子以至于庶人，壹是皆以修身为本”，真可谓悠悠万事，唯此为大——修身是第一位的！从篇章布局来看，全书可谓系统有序，逻辑严密，浑然一体，极具学术性和参考价值。

最后，作者以贵州建设孔学堂为例，具体总结了地方政府部门在“弘扬中华优秀传统文化”方面的具体事例和成功经验。该书可谓既有理论和体系，又有实践和经验，为各级政府部门提供了经验、树立了榜样。

其二，该书既宏观把握历史，又精准阐发中华优秀传统文化的思想内涵、精髓要义。

作者深通文史，精熟百家，汇通中外，交融古今。其所论议，拥有通古今之变、究中西之异、合百氏之同、成一家之言的气象。作者既对生生不息的中华文化的各个发展阶段的特征和成就有充分的了解，又对中华文化的国际传播有宏观的考察。“在 5 000 多年的文明史中，中华文化有过多次辉煌”，作者在历数“春秋战国时期百家争鸣”“汉唐时期辞赋、诗歌、散文空前繁荣”“到了宋代，哲学、文学有很大发展”“元明清时期，哲学继续发展，杂剧、戏曲、小说达到了文学艺术的高峰”等成就的同时，又坚持国际视野、全球眼光，充分肯定中华优秀传统文化的国际影响力，指出“以儒学为代表的中华优秀传统文化，在世界文化体系中具有无可取代的重要地位”。书中提到，早在汉唐时期，东亚就已经形成儒家文化圈，“很多相邻相近的国家，在思维方式、价值观念、生活态度以及建筑民居、家庭结构、生活习惯、婚丧习俗等方面，都受到中华优秀传统文化的巨大影响”。更难得的是，该书庞而不乱、杂而有章，对中华优秀传统文化的精神实质、核心价值，时有精到点评。“‘诚意、正心、修身、齐家、治国、平天下’的人生理想，‘穷则独善其身，达则兼济天下’的精神境界，

‘为天地立心，为生民立命，为往圣继绝学，为万世开太平’的道义担当，‘见贤思齐’‘知行合一’‘己所不欲，勿施于人’‘三省吾身’‘君子慎独’的修身之方，‘孝悌忠信’‘百善孝为先’‘家和万事兴’的齐家之略，‘水能载舟，亦能覆舟’的治国之道，‘必先富民’‘与民休息’的理政之道，‘天下为公’‘世界大同’‘致中和’的经世方略……‘仁义礼智信’的为人操守”是中华优秀传统文化的精神基因、思想根脉；“天人合一的整体观念，刚健有为的自强精神，内圣外王的人格理想，贵和尚中的和谐追求”是中华优秀传统文化中的道德理想主义特质。这些论述都极其精准和具有当代价值。该书真正做到了立足本来、借鉴外来、面向未来，充分彰显出中国精神、中国价值、中国力量。

其三，该书立足党史，落脚致用。

作者纵观中国共产党人领导中国人民取得新民主主义革命和社会主义革命胜利的历史，总结出“马克思主义基本原理同中国具体实际相结合”是革命取得胜利的根本原因，认为中国特色社会主义理论体系是“马克思主义关于科学社会主义的先进理论与中华优秀传统文化的尝试性结合”。“‘小康社会’的提法来源于《诗经》《礼记》等古代典籍，小康与大同对应，两者的关系恰如我们现在阐释的现实目标和远大理想的关系”；“依法治国和以德治国相结合的方略，则从‘为政以德’‘礼法合治’‘德主刑辅’的中华优秀传统文化中汲取了智慧”，“以人民为中心的理念与‘民惟邦本，本固邦宁’‘民贵群轻’等朴素的民本思想直接相关”，“和谐社会的构想与‘和为贵’‘协和万邦’等论述一脉相承”，“建设生态文明的理念与实践，遵循了‘天人合一’‘道法自然’‘休养生息’等传统价值观”；等等。该书还指出，“中国特色社会主义核心价值观的大多数内容来源于中华优秀传统文化的基本价值观念”。这样，政治理念与中华优秀传统文化的紧密结合使得全党更加坚定道路自信、理论自信、制度自信和文化自信。

其四，作者关注现实，忧国忧民。

邓小平同志曾说：打开窗户，新鲜空气进来了，苍蝇蚊子也进来了。作者在该书中体现出对社会现实问题的高度关注，如对“道德缺失、价值观扭曲”，“日常生活中人与人之间互不信任、相互防范，见义不为、见危不扶甚至见死不救”，“商业道德和商业诚信缺失，唯利是图、见利忘义、坑蒙拐骗、以次充好”，“奢侈浪费，拜金主义、享乐主义、极端个人主义滋长，不文明行为屡禁不止”，“公共服务中极少数人员以权谋私、搞权钱交易，以及极少数干部品德败坏、腐化堕落”，“出境旅游中极少数游客不遵礼仪、不讲卫生、大声喧哗、乱涂乱画”等社会问题痛心疾首。作者主张要“深入挖掘和发挥中华优秀传统文化中感恩、行善、仁爱、谦让、孝道、诚信、勤俭、清廉、敬畏等道德观念的时代价值”，从而进行纠偏。这与习近平总书记指出的“积极传播真善美、传递正能量，带动更多身边人向上向善，弘扬社会主义核心价值观，争做社会的好公民、单位的好员工、家庭的好成员，为实现中华民族伟大复兴奉献自己的光和热”是一脉相承的。

其五，该作者尤其重视中华优秀传统文化的古为今用，强调“两创”，即创造性转化和创新性发展。

书中一再提醒“传承中华优秀传统文化不是要食古不化，而是要经世致用”，“不是为了复古，而是为了复兴”，指出“我们大力传承和弘扬以儒学为代表的中华优秀传统文化，绝对不是简单地回到从前，比如穿汉服、行拱手礼、死记硬背四书五经，也不是简单地整理国故、发思古之幽情”（当然，对古礼的了解和学习有助于我们感受其美学价值，对经典和文献的整理及记诵也有根基性作用，只是不要“简单地”进行罢了）。作者深知“儒家学说本身从来不是一成不变的，而是随着历史发展和时代进步在不断吐故纳新、传承发展”，主张“对中国传统文化，要古为今用，去粗取精、去伪存真”，实现“创造性转化、创新性发展”，提倡今天的人们研习古礼、传习儒学、整理文献，“要通过传习儒学精髓，赋予其时代精神，使其焕发出新的风采，创造出适应新时代的文化形态，并将其运用到经济生活、政治生活、社会生活、文化生活的方方面面”。这些论述，都是切中要害、方便可行、值得提倡的。

该书取精用宏、视野开阔、体系完备、重点突出，可谓理论性与实用性结合、学术性与应用性统一的典范，充分体现了中华优秀传统文化的淑世济人、美俗资政功能。这是本人阅读《中华传统文化当代价值论》的体会，也是本书的突出优点和价值所在，笔者愿与大家共同分享。

当然，如果要问该书是否还有修改和完善的余地，鄙意以为，该书在介绍学习和理解中华优秀传统文化的门径和阶梯，如经典文献方面，还有待补充。我们知道，中华优秀传统文化的体系十分庞大、内容十分庞杂。就流派观之，有儒家、道家、法家、墨家、兵家之别；就历史演变观之，有汉学、宋学、新学之异；就文化学术的不同层面观之，有天命、礼乐等信仰，忠质文等价值观，六略、四部、七学、文史哲等知识体系，诗文歌赋、琴棋书画等才艺，三达德、五伦、四端、五常、八德等伦理道德，以及冠婚丧祭、乡射朝聘、揖让进退等礼仪规范。如果要尽举，则举不胜举，难以叙述；如果要遍学，则难以尽观，皓首莫穷。如何才能够知根知本、执简握要呢？这就需要一个入口，需要一个立足基点。

木有本而水有源，事有因而理有故。学术虽然形形色色、风格不一、千变万化，但若就其本源观之，诸家学术实皆同源，其源便是“经典”，其学便是“经学”。比如，哲学思辨源于《易经》（外加《道德经》），道德伦理、宗教信仰治于《周礼》《仪礼》《礼记》（“三礼”），历史文学、属辞比事始于《春秋》及“三传”，仁政德治、说古道今始于《尚书》，鼓舞铿锵、和乐欢畅成于《乐经》及《乐记》，性情比兴、温柔敦厚出于《诗经》，依经立传、论理驰说宗于《论语》《孟子》（外加《庄子》《荀子》），语音训诂、名物考释师于《尔雅》（后有《说文解字》），敦本立节、各尽本分发乎《孝经》《大学》《中庸》。可见举凡形上形下、亘古亘今，治身治国，都从学习“六经”发其源，也以阐发“六经”极其致！不仅儒者若此，而且诸子百家“亦六经之支与流裔”！非特中国本土学术如此，即使是外来学说，要想在中国扎根壮大、被广泛接受，也不得不接近儒家，接受“六经”的熏陶!《庄子》有云：“《诗》以道志，《书》以道事，《礼》以道行，《乐》以道和，《易》以道阴阳，《春秋》以道名分。”可见，举凡人们的意志表达、行为准绳、情操陶冶、哲学思考、历史叙事，莫不师法“六经”。汉人主张“表彰六经”“推明孔氏”，即欲回归元典、反本开新；宋人标榜“半部《论语》治天下”，又强调经典的价值，实非空言。如此看来，中华优秀传统文化的根基在于经典，中华学术也始于经学。中华优秀传统文化的基本文献即经典，人们学习中华优秀传统文化的根本途径自然也在于研究经学。经学兴则国学兴，经典明则国学明。经典经学俱通，则国学无不通，中华优秀传统文化也无不兴矣！是故中共中央办公厅、国务院办公厅下发《关于实施中华优秀传统文化传承发展工程的意见》，其中所举中华优秀传统文化的“主要内容”（核心思想理念、中华传统美德和中华人文精神），都可在经典文献中找到源头和身影。经典至关重要，经学至为关键。如果该书能够专设“中华传统文化的学习门径——经典”一章，为读者指明传习路径，则尽善矣！如果该书进而能够阐明“经典的内涵与价值、经典的体系与流派、经典的历史与影响、经典的融通与创新”等，以飨读者，则尽美矣！

小贴士： 开卷有益，贵在鉴别。该文作者从《中华传统文化当代价值论》在学界的价值说起，肯定了该书作者的深厚学术功底、该书篇章结构的系统完整，指出该书“重申和强调了‘坚定文化自信’”，“既宏观把握历史，又精准阐发中华优秀传统文化的思想内涵、精髓要义”，“立足党史，落脚致用”；该书作者“关注现实，忧国忧民”，“重视中华优秀传统文化的古为今用，强调‘两创’，即创造性转化和创新性发展”。同时该文作者也指出该书有待完善的地方。

胡易容：图与思的痕迹

——评韩丛耀《图像：一种后符号学的再发现》①

在这个被称为“读图”的时代，一种真正表现内在形式的图像理论的出现无疑是对这个时代的正面回应。然而，图像研究的学理化探索不易，正如《图像：一种后符号学的再发现》的作者所说：相对于对其他语言表达形式的探索而言，对图像语言的探究恐怕是最为滞后的。图像如此“自然”，且直接对应于人的直观，以至于学理化解读要么流于浅表，要么因背离了上述直观而进入“形而上”的维度，进而令人却步。然而，绝美的风景往往在人迹罕至处。作者以其多年的图像研究工作经验，展现了对图像理论的学理化洞见。不仅如此，作者更开创性地向我们展示了后符号学的再发现的可能性。这一探索贯穿全书的四章：①图像／视觉；②图像／图像；③图像／文本；④图像／话语。

基于“文化转向”裹挟下形成的“视觉主义”背景，该书第一章分析了视觉图像的语义结构、组构，以及最小单位问题。本章中尤其值得注意的问题有二：一是对造型与图像的关系分析，二是对视觉界面的探究。此前，对造型与图像的区别探讨更多的是从技术层面展开的，且两者的区别易于被简单理解为“矢量”与“点阵”的物理性效果差异。在该书中，作

① 胡易容．图与思的痕迹：评韩丛耀《图像：一种后符号学的再发现》［J］．符号与传媒，2011（4）：221-222.

者以超越技术层面的理论分析使我们能更深刻地理解造型与图像彼此纠缠而又各具特质的复杂关系。

回到图像本体，第二章“图像／图像”利用图像形式要素探讨图像的自我指涉。该书作者通过图像所展现的“迹象性”“相似性”“象征性”“类似性”以及“图像与现实的类比”分析了图像的诸多内在属性。进而，第二章回到现实语境下探讨论争已久的话题——“图像的真实与现实”。第二章的特色在于，虽然该书作者在此章中以图像为唯一陈述方式，但并未囿于图像形式的自我言说。整章始终紧扣图像与人、图像与周遭世界的关系，在语用学层面展开论述——这也是该书作者对诸多图像痕迹亲身体验的呈现。在读到“但最多的还是在巴黎万神庙廊柱的荫凉处，因为那是我等待上课的场所，也是我中午小憩的地方，借着先行者的灵光……干着世界上最蠢笨韵事，也可能是我这辈子最幸福的事：不求其他，只愿思想能与身体同行……”这样的段落时，你很难否认，该书作者在以诗人的情怀进行着哲理思辨。

在前面两章的基础上，“图像／文本”一章站在更为“形而上”的层面解读图像与社会诸要素的关系，如图像与受众的价值关系、图像与书写文明的比较。本章对图像阐释的论述则是对全书标题的呼应——图像在某种程度上是对阐释的拒绝。图像感知的综合性、瞬间性凸显了“后符号学的再发现”这一命题。历时多年的思考使该书作者跳出以往图像理论的二维视点，对当下图像世界的现实状况作了有效解读。我们可以将“后符号学”之“后”解读为“新”，即面对今天繁复的多媒介形态文本，符号学必将从语言符号学的源头处自我进化为广义的人类文化符号学。

在最后一章“图像／话语”，该书作者正是在一种人类文化符号学的预设下，力图从影像中寻找文化建构模式。本章对用于新闻、艺术，作为文化的摄影进行了不同维度的分析。该书作者以“一个新的观者”的姿态看待影像这一重要图像形式所具有的非凡的“价值秩序建构力量”。

该书作者以几十年来对图像痕迹的探寻经验为基础，撰写了这本《图像：一种后符号学的再发现》。这些图像痕迹广布于从喜马拉雅山到北极圈再到戈壁大漠的世界各地，又如此融洽地贯穿于学理之中。根据这些图像痕迹，读者能够以近乎观光的愉悦心态阅读如此严肃而具有思维挑战性的学术著作。这种愉悦与思辨也几乎渗透于全书的各个角落，这几乎是该书对阅读的馈赠了。

小贴士：线索是我们理解文章的重要抓手。按照循序渐进的原则，作者以图像/视觉、图像/图像、图像/文本、图像/话语的篇章编排顺序，细致剖析、层层剥茧，深刻揭示了后符号学的再发现的可能性。

梁中和：答薄伽丘的爱情之问

薄伽丘写过一部《爱情十三问》，该书原名《辨异书》（*Il Libro di Difinizioni*），讲一群贵族青年出海时流落古城，偶遇当地的几名贵族男女，便应邀参加了他们的宴会。众人选出美丽的王族女子做女王，然后轮流提出有关爱情的疑难问题，并作答辩论，最终由女王判定是非。

我尝试回答他们提出的两个问题。通常，我都在只看到问题而未看到薄伽丘后文故事时给出答案，然后看后文故事并补充答案，大家也可以在心里给出自己的答案。这样一来，薄伽丘就生活在我们中间了，我们也就能理解古今中外有关爱的难题。我选择回答的是薄伽丘列出的第一个问题和第六个问题。

第一个问题是这样的：一位女士更爱哪位男士？这位女士说自己对他们同样喜欢，将自己的花冠戴在了一位男士的头上，又从另一位男士的头上取下花冠，戴在了自己的头上。那么，她对哪位男士表示了更多的爱？

这个问题似乎是说，一个被爱者（女性）应如何表达，才会使爱意显得更多。她把自己的花冠给了其中一位男士，这表明她可以和他分享她拥有的东西。花冠只是象征。她拥有的身体或者灵魂，都可以像花冠一样与那位男士分享。这是一种分享式的爱、给予式的爱。意思是，我的东西可以给你、赠予你。但是她从另一位男士的头上摘下花冠，就是更为主动的行为了。她要占有这位男士的花冠，这是一种占有式的爱。意思是，你的东西全都是我的。这两种爱，哪种更强烈呢？如果这两位男士都爱这位女士，那么对他们而言，被赠予花冠未必是好事，而被剥夺花冠才可能意味着完全拥有。因此，被剥夺了花冠的男士一定会认为自己得到的爱更多，因为女士将他的花冠据为己有、与他合为一体；而被赠予花冠者，得到的只是女士不要的东西，或者可以割舍的一部分。

当然，如果这两位男士都爱这位女士，那么他们得到的信息或许很不一样。被赠予花冠者，可以说声谢谢，心存感激，通过接受而不回馈来拒绝爱意；而被剥夺花冠者，则被正中下怀，并将这种行为当作向女士的慷慨赠予，说“您喜欢就拿去吧”，以此消除尴尬。两位男士相对比，谁会因为没有欠下情债而更为轻松呢？当然是被剥夺花冠者，因为他已经付出了；而被赠予花冠者总会觉得对不起姑娘。

如果被赠予花冠者爱这位女士，而被剥夺花冠者其实不爱那位女士，那么这就是典型的“爱我的我不爱，而我爱的不爱我”；反过来，则是“我爱的人也正好爱着我”。在这两种情形中，哪种才是更美好的爱情呢？

我并没有从这位女士的角度看问题，只猜测或许她都需要，既要有人因为她爱而期待她的赠予，又要有人因为爱她而期待剥夺他的一切，也就是“爱我者”和“我爱者”一个都不能少。“爱我者”给“我”自信和慰藉，而“我爱者”给“我”动力和憧憬，那么最终她会选择哪一个呢？这不取决于这位女士，而取决于对方究竟爱不爱她，因为最难得的是她爱的人也正好爱着她，即所谓的一见钟情、两情相悦。世上多的倒是相反的情况，“爱我者我不屑一顾，我爱者朝秦暮楚”。

薄伽丘在接下来的故事中回答了第一个问题。事实上，他限定了两位男士都爱女士，且其中一位男士有花冠，而另一位没有，那位没有花冠者首先得到了女士赠予的花冠，而有花冠者则被取走了花冠。结论是，被女士赠予花冠的男士才是她爱的人，因为爱是付出和奉献；而女士取走另一位男士的花冠只是确认和接受了他的爱意，并未回馈，这样既给被取走花冠的男士留了面子，又在鼓励他继续爱她。

看来我没猜中开头，但猜中了结尾。爱需要等待和考验，爱有时是贪得无厌的，我们付出了却未必有报偿，获得了也许会黯然神伤。因为在男人看来，被赠予似乎意味着自己匮乏、不足，被剥夺才意味着充足、有力量。这样一来，男女之间的心理预期和结果差异注定会造成误会和纠缠，令男人和女人很难直接看清彼此的心意。

和第一个问题类似的是第六个问题：两个少女爱上了同一个男青年，想让他在两人中做出选择。她们同意采取以下方法：一个跑向那位男青年，拥抱、亲吻他；另一个则十分羞怯，只远远地站在原地。谁更爱那位男青年？

这次我学聪明了，我先站在女生的角度思考问题。我认为，虽然她们在表面上达成了一致，各自表达爱意，但实际上这只是较量的开始。那位羞怯的女生站在原地表达了自己的爱意，只等待男士的回应，这形成了一种人与人之间的张力；而跑过去拥抱、亲吻的女生，或许已经将关系终结在那一吻中，她得偿所愿地表达了自己的感情，但那位男青年可能会措手不及，甚至会恼羞成怒，产生一种不被尊重的感觉。

在现实生活中，或许有的男生会认为那位大大咧咧、直接以行动表达爱意的女生的性格可能更直爽；或许有的男生会按照本能行事，那就是选择漂亮的那一个。我不知道薄伽丘会怎么看待这个问题，于是阅读了后文。

薄伽丘认为，羞怯者更爱那位男青年，因为直白者只逞一时之快，若得不到回应就会立刻转向他人，并非真爱那位男青年，而羞怯者表达了爱的真意，即真正的爱会带来“恐惧”，陷入爱情之人往往也是深陷“恐惧”之人。那位羞怯的女生正是通过踟蹰不前表现了自己已经身陷爱的深渊、动弹不得一步的境地。

一开始我也想到了这点，但之前故意站在今人的立场上说。羞怯者产生爱慕之情，无论是在相貌、气质还是品质方面，都会笃定自己的倾慕，并因难以确认自己是否与对方般配、是否能获得对方的肯定、对方是否同样爱自己而担心甚至恐惧。矛盾的心态是此时的真实情感状态，就如同《诗经》中的《关雎》所说："求之不得，寤寐思服。悠哉悠哉，辗转反侧。"但羞怯者并无越礼之事、非分之想，只在踟蹰中表现出爱意满满的两面，一则为慕，一则为惧，欲迎还拒、欲进而退，表达了深切而层次分明的情意。而那位直白者，并无尊重他人之意。她对自己不能自制，对他人则取予无度。

但这会改变我的结论吗？我想不会，因为处于这种虚假两难境地的人忽略了一些其他的根本因素，如男女双方的见识、心性等。若是一位无德下作的汉子，可能两个女生他都要；若是一位守礼明智的君子，则不会急切地在当时当地就做出决定，两位姑娘想要在当下一决胜负的企图也无法达到。况且，她们的这种行为本身就不妥当，因为这无异于完全忽视那位男青年，而只在意自己的得失，这是爱情中的大忌。

若我们在爱他人的时候更爱自己，则容易伤害对方。没有人应该为自己的真心付出而受伤害。若两情相悦，"选择"就会变成一个陌生词。因为真正的爱人，从来不是选择来的，而是遇到的，而且是相遇的。只有和她/他在一起，只有更爱她/他，他/她才会更好地爱自己。此后，他们会一起克服所有的困难。

小贴士：精读是读书的重要方法，用朱熹的话来说就是"熟读精思"，用郑板桥的话来说就是"精当"，用培根的话来说就是"咀嚼"。该文作者抓住《爱情十三问》一书中的两问，深入分析，仔细玩味，读出了自己的体会。

卢迎伏：局内局外人

——加缪的《局外人》[①]

一

今天，妈妈死了。也许是昨天，我不知道。我收到养老院的一封电报，说："母死。明日葬。专此通知。"这说明不了什么。可能是昨天死的。

我相信任何一个读者首次读到这段文字，都会大惊失色：一个人怎会如此冷漠？收到妈妈去世的电报后，他竟说："这说明不了什么。可能是昨天死的。"真是一个逆子啊！上面这段令人拍案惊奇之语就是我们今天要讲的小说《局外人》的开头，该小说被时人誉为"二战结束以来的最佳作"，其作者就是大名鼎鼎的法国作家阿尔贝·加缪。

加缪，仿佛我们一读他的作品，就会觉得人生更加荒谬。加缪于1913年出生在法属北非殖民地阿尔及利亚，其曾祖父早在1840年就移民到了此地，而他本人则在这里生活了27年。故阿尔及利亚对加缪的写作产生了决定性的影响，他的14篇叙事作品中就有11篇以阿尔及利亚为写作背景。加缪的家境着实一般，父亲战死于一战后，全家就靠母亲打工勉强维持生

① 卢迎伏. 阅读的慢板：从索福克勒斯到小津安二郎［M］. 成都：四川大学出版社，2021.

计。因此，在贫民区度过童年的加缪日后说自己是在一战的枪炮声中长大的，而在人类历史上，自一战后屠杀、非正义和暴力便从未间断过，“我在贫困中学到，我是穷人”。功成名就后，加缪仍自许“过去是，现在仍然是无产者”，此即加缪对自己身份的认定——一个“无产者”。

尽管加缪出身贫寒，但北非的沙滩、大海和阳光等美好的事物让他深感幸福：“对我来说，贫困从来不是一种不幸……为了纠正天生的无动于衷，我置身于‘贫困’与‘阳光’之间。由于贫困，我才不会相信，阳光下和历史中的一切都是美好的；阳光让我明白，历史并不等于一切。”换言之，贫困使加缪仿佛置身于阴影之中，而地中海的阳光却让他充满希望，正是这种置身于阳光和阴影之中的独特生活状态，使加缪曾自命为一个乐观的悲观主义者，也就是虽看似乐观却底色悲凉的人。加缪的家人中，没谁常去教堂，他们似乎不去想什么地狱、炼狱和天堂。每逢有人死了，他外祖母不说这个人去天堂或下地狱了，而说“好了，他不会再放屁了”。显然，与永恒的灵魂相比，他们更重视活着的肉体，而这正是阿尔及尔人的特性。日后，加缪在《阿尔及尔的夏天》一文中曾颇为动情地写道：“在这长空和仰面相望者之间，没有余地置放神话、文学、伦理学或宗教，但却有乱石、有肉体、有星辰以及摸得着的真理。”

某日，少年加缪与友人偶然看到一个孩子死于交通事故，愤怒异常的他竟面向蔚蓝大海朝上天竖起了中指喊道：“您瞧！他没有作声。”竖起的中指，无疑朝向的是基督教的上帝，他在质问当这个无辜儿童去世时一个号称全善的上帝怎会对此视而不见！日后，加缪将此质诘进一步深化：如果孩子遭受痛苦，是为了凑够获得真理所必需的痛苦总数，那么我从现在起，就会斩钉截铁地说，这样的真理不值得付出如此的代价。痛苦与真理之间没有本质的必然联系，即使我错了，我的愤怒也会继续存在。

我们知道，古今中外很多思想家都认为受苦与被拯救或成为圣人之间有着某种必然的联系。例如，《圣经 · 约伯记》中约伯的声声疾呼“唯愿我的烦恼称一称，我一切的灾害放在天平里，现今都比海沙更重”。又如，孟子的谆谆教导“天将降大任于斯人也，必先苦其心志，劳其筋骨”。但加缪对“拯救必须经历痛苦”采取了一种断然拒绝的态度，因为他否认基督教的个体有原罪论或普遍有罪论。

加缪后来虽曾加入过法国共产党，但基于的是同情弱者的无产者立场而非深思熟虑的结果，因为他入党前从来没有读过马克思、恩格斯等人的书，却支持共产党人改善人类生活的态度。大学毕业后，加缪曾在阿尔及利亚的一个气象学院工作，偶尔也会去书店蹭书读，尤其是读到了卡夫卡、福克纳和海明威等日后对其写作产生了重要影响的作家。1940 年，时年 27 岁的加缪北漂去巴黎，二战期间他因支持戴高乐的抵抗运动，参与筹办反纳粹的《战斗报》以及撰写了一篇篇见解独到的社评而上了维希傀儡政权的黑名单。在此期间，他还与萨特、波伏瓦相识并成为好友，但好景不长，加缪便与萨特因诸多复杂的原因绝交了。加缪明言“自己不是存在主义者”，“萨特是存在主义者”，而自己的《西西弗的神话》则是为“反对支持存在主义的哲学家而作的”，萨特则在《现代》杂志上发表了两人绝交的宣言书《答复阿尔贝·加缪》。两人的友谊小船虽倾覆了近八载之久，但当萨特得知加缪在一场车祸中不幸罹难后随即撰文深情追悼：

他和我之间发生过争执：争执，这并没有什么——即使我们再也不见面——而这恰恰是我们在这个狭小世界里互不忘却、共同生活的另一种方式。这并不妨碍我经常想到他，在他阅读过的书报的篇页里感到他的目光，并且自言自语说：“他会怎么说呢？他此刻该怎么说呢？”

加缪是人物、行动和著作三位一体的典范，他“顶着历史的潮流，作为醒世作家的古老家族在当今的继承者，出现在我们这个世纪，须知正是这些醒世作家的作品构成了法国文学中也许最富有独特性的部分”，他与“马基雅维里的信徒们和现实主义的金犊偶像的崇拜者们背道而驰，确证了道德行为的存在。可以这么说，他就是这不可动摇的确证的化身”。加缪去世三年后，远在大洋彼岸的美国作家苏珊·桑塔格在《加缪的<日记>》一文中盛赞加缪是能唤起读者挚爱之情的“当代文学的理想丈夫”，说“卡夫卡唤起的是怜悯和恐惧，乔伊斯唤起的是钦佩，普鲁斯特和纪德唤起的是敬意，但除了加缪，我想不起还有其他现代作家能唤起爱”，而“爱”正是加缪的阿尔及利亚友人为其在蒂帕萨所立纪念碑上的铭文关键词：

在这儿我领悟了
人们所说的光荣：
就是无拘无束地
爱的权利。

二

我们在翻阅《加缪全集》时，会发现其写作有一个鲜明特征——三部曲式写作，即加缪会在一个时期围绕一个核心主题同时进行小说、哲学随笔和戏剧三种体裁的写作。比如，第一系列以荒诞为主题，有小说《局外人》(1942 年)、哲学随笔《西西弗的神话》(1942 年)与戏剧《卡利古拉》(1944 年)和《误会》(1944 年)。第二系列以反抗为主题，有小说《鼠疫》(1947 年)、戏剧《戒严》(1948 年)和《正义者》(1949 年)，以及哲学随笔《反抗者》(1951 年)。因此，诸位若想理解《局外人》，还应去读《卡利古拉》和《误会》，尤其是阐述其荒诞理念的哲学随笔《西西弗的神话》。

早在 1938 年，加缪便在论及萨特的小说《恶心》时说：虽然“一部能持久留存的作品的确离不开深刻的思想”，但小说“绝不仅仅是一种形象化的哲学”，因为在“一部优秀的小说中，所有的哲学观念都已经转化为形象”。依此观点来看，《恶心》还不是“一件艺术品”，因为其“过多的道德思考‘超出了人物与行动’，所以情节失去了真实性”，故《恶心》里的哲学思想与形象是“并列而非交融的”，该小说也就失去了艺术的力量。《恶心》失败的前车之鉴让加缪暗下决心，要写出一部能将荒诞思想成功地置入形象的小说，四年后这部小说出版，就是《局外人》。那何谓荒诞？缘何会荒诞？究竟应如何应对荒诞？阐释荒诞的《西西弗的神话》在开篇就下了惊人的断言：“只有一个正直严肃的哲学问题，那就是自杀。判断人值得生存与否，就是回答哲学的基本问题。”也就是说，加缪认为，人的存在意义问题是最根本的哲学问题，尤其是当世界最初的敌意跨越数千年，又朝我们追来时。我们把握不住世界了，因为它又变成了它自己。这些因习惯而蒙上假面的布景又恢复了本来面目。

人类文明的发展过程是一个用理性来把握世界的过程，就是今日早已被视为迷信的原始神话，究其本质，也是理性的。须知，世界原是敌人般的存在，天上的电闪雷鸣随时会将人劈死，但当古人有了一套能自圆其说的神话叙述后——如古希腊人的宙斯用武器在发威或中国古代的雷公电母在工作，便将世界由最初的满是敌意变为满是善意。一个人如果不做坏事，尤其是不得罪神，那么他即使行走在雷电交加的荒野也定会安然无事。不做亏心事，不怕鬼叫门嘛。故外表迷信的原始神话体系也有一个理性化的精神内核，也是一种对世界的理性把握方式。每个时代都有由思想、意象、信仰、认识假设、忧虑以及希望组成的结构，它被那个时代所认可，用来表现对人的境况和命运的看法。我把这样的结构称为“神话叙述”，而组成它的单位就是“神话”。神话在这个意义上指的是人对他自身的关注，如他在万事万物中处于什么位置，他与社会、上帝是什么样的关系，他的本源是什么、最终的命运又如何。神话叙述是一种人类关怀、我们对自身关怀的产物，它永远从一个以人为中心的角度去观察世界，从广义上说，它具有存在性，从人类的希望和恐惧的角度去把握人类的境况。

随着欧洲启蒙运动的深入推进，万事万物都要在人类的理性法庭面前被重新审视，人们发现此前的诸种意义仅是“我们事先赋予的形象和图画”，即意义仅是一种主观的建构而非客观的真理。这样，我们就把握不住世界了，世界又恢复了本来面目，并呈现出厚度和陌生性。厚度使理性之光再也不能像此前一样对世界进行穿透；厚度让世界重新恢复了此前的“敌意”，并再次变得“陌生”。最终，因习惯而蒙上假面的布景又恢复了本来面目，局内人平时大抵靠未经反思的习惯而生活，习惯是个体生存的麻醉剂与避雷针。总之，人与世界的关系由陌生到亲熟而后又回到陌生。

此外，“人也散发着非人的东西”。比如，我们在看他人时经常就像隔着玻璃窗看一个人打电话——窗外人因只能看到窗内人的手势和表情，却听不清他说什么而心生一种荒诞感。有时，我走在校园里，远远看见一个人手舞足蹈地走路，也会觉得有点荒诞，因为完全不知道他究竟在干什么，等那人走近了，我发现他戴着蓝牙耳机打电话，这个例子跟加缪的隔着玻璃窗看人打电话的比喻很像。一个普通人只要不自欺，就随时可能体验到荒诞。例如，“某些时候，在镜子里朝我们走来的陌生人，我们在自己的照片中看见的那个令人亲切又不安的兄弟”。你照镜子的时间越长，你越会觉得镜子里的那个人仿佛不是你，因为你的影像与你的身体的同一性发生了割裂，长久的凝视让镜中的你成为一个陌生的他者。又如，我们久久地注视自己写下的一个个汉字，常会发现每个字似乎都变成了陌生的错字。总之，荒诞产生于人类呼唤和世界无理沉默的对立，也就是说，人试图再次把世界的原初敌意赶走，以使世界熟悉化，但他的呼唤未得到世界的应答。

我投世界以理性桃李，世界却报我以沉默不理。世界本身是不可理喻的。荒诞的东西就是非理性沉默和明确、强烈愿望相对立的产物。明确、强烈愿望的呼唤能响彻人的内心最深处。荒诞既取决于人，也取决于世界，它是联系人与世界的桥梁和纽带。

如众所知，很多现代思想家认为诸种存在意义其实仅是对理性的建构。比如，对加缪产生了重要影响的尼采就曾提出透视主义，“每一种欲望都是一种支配欲，都有自己的透视角度，都想把自己的透视角度当作规范以强加给其他欲望”，即我们都带着偏见看世界。世间根本就没有能看到一切的“上帝之眼”，因此，也就根本“没有事实，而只有阐释”，“一切信仰都是一种持以为真”，每一种阐释都像盲人摸一头他自认为存在的象一样，只有有限意义而把握不了整体意义。德国社会学家马克思·韦伯说“人是悬挂在自己编织的意义之网上的动物”，一个人要想在世间活下来，就要为自己找个说法，理得方能心安。你总要先为自己编织一张意义之网，而后像蜘蛛一样在网上爬来爬去，捕获一些昆虫来养家糊口。加缪认为，构建的意义虽看似允诺了光明，但究其本质，仅给人一种幻觉，因为我们总会有醒来的一天，醒来的结果就是“上帝死了”，并且是“我们把他杀死了”。

当然，“上帝死了”不只是说基督教的上帝不起作用了，更是指在西方传统思想史上一切形而上学的价值的自行贬黜。自行贬黜是说，人们通过理性的分析认识到诸种存在意义并非发现的真理，而仅是真实，这样真理便自行失效了。但问题的紧要之处在于，“一个能够用歪理来解释的世界，还是一个令人熟悉的世界，但是在一个突然被剥夺了幻觉和光明的宇宙中，人就会感到自己是一个‘局外人’”。此学说可能会认为彼学说是异端，是歪理邪说(反之亦然)。彼学说的信持者因有一套能对世界意义自圆其说的说法而拥有一个熟悉的世界，但当其一旦意识到这种世界意义仅是一种幻觉后，他就会感觉到自己再也不能融入此世界中，而成为一个局外人。他会从这个局中抽身而出，甚至会认为这个局其实是一个骗局。这是一种突然从局中退出的分离，即“人和世界的分离、人和生活的分离，就像演员和布景的分离”。二元分离让他突然演不下去了，他出戏了！比如，此刻我正在全神贯注地录制慕课，可一旦想到为何要在这里录制慕课，我就很难再录制下去了。一个局外人所生活的世界是一个突然被剥夺了幻觉和光明的宇宙，他再也无法与这个局融为一体了。

我们知道，日神阿波罗是希腊神话中的人物，象征能照亮黑暗、消除蒙昧的理性之光，而据学者考证，《局外人》的主人公默尔索(Meursault)的名字应是谋杀(meurtre)和太阳(soleil)两个单词的合音。这样看来，默尔索这个名字除了暗预他会因太阳而枪杀阿拉伯人外，还有摧毁太阳的意思。摧毁太阳其实就是尼采的话“上帝死了，我们把他杀死了”的另一种说法。除世界和他人的不可理喻所引发的荒诞外，还有更要命的一点，即“我们每个人都渴望永生，但每个人都注定要死”。环视周遭，你看多少局内人都认定自己会永生而浑然不觉大限将至，依旧终日碌碌无为。切莫忘了，人总是要死的！对加缪产生过重大影响的帕斯卡尔在《思想录》中告诫道：

我不知道是谁把我安置到世界上来的，也不知道世界是什么、我自己又是什么。我对一切事物都处于一种可怕的愚昧无知状态。我不知道我的身体是什么，我的感官是什么，我的灵魂是什么……我看见的只是各个方面的无穷，它把我包围得像个原子，又像个转瞬即逝、一去不返的影子。我所明了的全部，就是我很快就会死亡，然而我最为无知的又正是我所无法逃避的死亡本身。

让我们想象，有一大群人披枷带锁，都被判了死刑。他们之中，天天都有一些人在其余人的眼前被处决。那些活下来的人就从他们同伴的境况里看到了自身的境况，他们感到悲痛而又毫无希望地面面相觑，都在等待着轮到自己。这就是人类境况的缩影。

自一出生，我们每个人就被判了死刑，但被缓期执行，而且不知会缓期多少年执行。那意识到荒诞后，我们应如何对待它呢？加缪答道：对待荒诞有三种态度。一曰“生理自杀”。我发现世界充满了敌意，他人也充满了敌意，而我的存在毫无意义，那么我干脆把自己干掉算了，加缪说这是在逃避荒诞。二曰“哲学自杀”。有的人“确信存在着一个可以给自己的生活以意义的上帝”，他们为自己的生活寻找到意义，如任何宗教里的神或很多哲学观念。“哲学自杀”也未直面荒诞，它不过是先于外在的事物中找到一定的价值，然后以这些外在的价值为我们找寻生存意义提供一点帮助罢了。换言之，“生理自杀”与“哲学自杀”其实并无本质之别，因为两者都将“生存”误作实现某种设定的价值目标。故面对荒诞大敌时，落荒五十步的“哲学自杀”并不比逃遁百步的“生理自杀”高明到哪儿去。

一个人遭遇荒诞后，既不应“生理自杀”也不应“哲学自杀”，而应直面荒诞——不借助任何外在意义的设定，充满激情地反抗荒诞，因为“地上的火焰抵得上天上的芬芳”。人不应相信任何一种宗教对天堂的允诺，哪怕地上充满了火焰，我们也应选择在地上生活——“幸福就是人间的幸福，永恒就是每一天的日子”。生存幸福，就是尽人事。故真正的猛士就是要义无反顾地生活在荒诞之中，直面它、充满激情地反抗它，因为“没有蔑视征服不了的命运”。

三

明白了荒诞的基本含义后，我们再来看《局外人》：

今天，妈妈死了。也许是昨天，我不知道。我收到养老院的一封电报，说：“母死。明日葬。专此通知。”这说明不了什么。可能是昨天死的。

养老院在马朗戈，离阿尔及尔八十千米(默尔索向老板请假，老板似乎不大高兴)。我甚至跟他说：“这可不是我的错儿。”

如果借用《西西弗的神话》里的观点，那就是默尔索显然因与生活相分离而难以融入社会之局中。社会之局要求一个人在得知母亲去世的消息后，哪怕他跟她的关系极差，也必须做出悲痛欲绝状。我们知道，中国传统社会对一个人在其亲人去世后应守丧几天、穿什么样的丧服及该如何哭诉都有详细规定，以便让其看起来很守孝道，但这就是真的孝吗？默尔索在得知母亲去世消息的那一刻，确实没有哭，难道这种真实而不伪装的行为就有罪？默尔索让我想起被时人称为“方外之人”的阮籍。阮籍得知母亲去世的消息时正在与人下围棋，对弈者请求中止，阮籍却留住对方下完这一局（“性至孝，母终，正与人围棋，对者求止，籍留与决赌”），如果世人只知道这个场景，而不知道阮籍“既而饮酒二斗，举声一号，吐血数升。及将葬，食一蒸肫，饮二斗酒，然后临诀，直言穷矣，举声一号，因又吐血数升”，会如何评价他呢？世人还会说阮籍“性至孝”吗？当门房问默尔索想不想看母亲的遗体时，他回答：“不知道。”门房拈着他发白的小胡子说：“我明白。”他明白什么呢？门房肯定认为默尔索是怕看到母亲的遗体后伤心，因而回答“不知道”，但实情是默尔索当时是真的“不知道”自己想不想看母亲的遗体，他就如实回答了“不知道”。

在定罪审判前，预审法官曾讯问默尔索两个关键问题：“是否爱妈妈”（伦理）和“是否信仰上帝”（信仰）。当第二个问题得到否定的回答后，预审法官向默尔索叫道：“您难道要使我的生活失去意义吗?”后来他还径直称默尔索为“反基督先生”。无疑，让手持银十字架的预审法官怒目切齿的根本原因是，默尔索的回答不仅“使我的生活失去意义”，而且“使我们的生活失去意义”。

在法庭受审的整个过程中，默尔索都以事不关己的局外人态度旁观，而证人轮流被问的核心问题大抵是默尔索在母亲去世后的表现。比如，养老院院长说默尔索“不想看看妈妈，没哭过一次，下葬后立刻就走，没有在她坟前默哀”，“不知道妈妈的年龄”；养老院的门房则说默尔索“不想看看妈妈，却抽烟、睡觉，还喝了牛奶咖啡”。关于此点，加缪在《局外人》的英译版序言中挑明：“在我们当时的法国社会，任何一个在母亲下葬时不哭的人，都有被判处死刑的危险。”也就是说，不认可这个局的人就要被清除出局。默尔索的律师对此质疑道：“说来说去，他被控埋了母亲还是被控杀了人?”结果引发了“听众一阵大笑”，这句“听众一阵大笑”真是神来之笔，它使读者瞬间走出他们正在陷入的阅读之局，进而开始反思诸种局的问题。决定默尔索有罪的关键点，乃是他将母亲送入养老院的行为及他在母亲去世时所表现出的不孝，即他挑战了整个社会的伦理道德和社会秩序，而非杀人。诸位须知，欧洲人默尔索杀的是一个阿拉伯人，故律师才会在最初看上去镇定自若，因为他完全可以将默尔索的罪行辩护成“过失杀人罪”(involuntary manslaughter)，进而使其免于死刑。无疑，默尔索要想“成为一名殉道者(martyr)，就必须犯点该受谴责的罪行，可为了获得读者的同情，他又必须保持无辜。因此他的犯罪只能是无意的(involuntary)，但又不能无意到让一个在母亲的葬礼上不哭的人免于判刑的程度”。默尔索一旦被认为否定法国社会的主流之局，那么他就只能被毫不心慈手软地清理出局了——既然他在观念和行动上都想当局外人，并且规训对他而言又无效果，那么人们就只能将他彻底清理出局了。

默尔索的口头禅是:“无所谓，这不怪我!”而社会这个局要求的恰恰是“有所谓”及凡事都应先反思自己的“这应该怪我”，但默尔索是个不接受诸种设定的局外人，因此他不会曲意承欢他人。换言之，默尔索是一个有什么样的存在感就立刻表达出来的局外人，他的行为岂是早已被规训得服服帖帖的局内人所能明白的?

我们知道，整个社会的道德、法律等“局”的设定都遵循因果律，都可以使用“因为……所以……”的或明或暗的句式来表达。例如，因为默尔索在母亲的葬礼上表现冷漠，所以他是一个冷漠的人，也是一个破坏局的人，所以他会开五枪，所以他应被判处死刑……但直面生活的“局外人”因将局内的因果律置于一边而处于一种“对一切宣称的德行永无止境地神经过敏”的状态，他的表现逼迫我们反思诸种局的问题。默尔索说自己不像有些人一样，假装有什么信仰，而在日常生活中，很多人虽并不认可这个局却假装自己很欣赏它。故默尔索在被执行死刑前向让他忏悔的神父喊道:“你的任何确信无疑,都抵不上一个女人的头发实在。”如果根据英国作家福斯特在《小说面面观》中对故事和情节的区分,那么《局外人》中的法庭无疑将养老院院长等证人所陈述的一桩桩事件认定为情节而非故事。

默尔索的女友玛丽“过了一会儿问我爱不爱她,我回答说,这种话毫无意义。我好像不爱她,她好像很难过,可是在做饭的时候,她又无缘无故地笑起来,笑得我又吻了她”。试想,若换成我们这种局内人,当对方问我们爱不爱他时,我们可能下意识地脱口而出:“爱!”哪怕我们心知肚明,自己当时可能在撒谎,但撒谎可以简化生活啊!我们若像默尔索那般回答,接下来将会面临多么复杂的生活!但局外人默尔索拒绝撒谎、拒绝简化生活,他硬是将玛丽的一个设问句当成疑问句了!默尔索当时不清楚自己是否爱玛丽,就说“这种话毫无意义”,因为他认为口头上回答“爱”是局内人的要求,其实回答“爱”与“不爱”根本不重要,关键是玛丽跟自己在一起到底有无确切的快乐感。因此,默尔索从来不会考虑按局的设定去跟玛丽领一张结婚证,并且当玛丽出现在法庭时,默尔索看到的不是她的局内人的抽象社会身份(证人或辩护人),而是具体的肉身,“我可以感觉到她轻盈的乳房”。

讲到这里,想必诸位会心生疑问:如果一个人不认可局的诸种规定,那么他会幸福吗?答曰:会。因为幸福不是“知识结构和概念,而是实在的可感物”,所以对默尔索而言,让他幸福的不是爱、爱情和婚姻等局内大词,而是他跟玛丽之间那些真实可感的温暖。

无疑,局外人默尔索因不受固有意义的限定而处于一种没有明确存在向度(意义指向)的生存状态。他看起来就像是一个没有意识的人,而人一旦没有明确存在向度的指引,其身体感便会异常凸显。故小说中对默尔索身体感的呈现比比皆是，如“我只听见耳朵里血液一阵阵流动声”，“我的嘴就被盐水烧得发烫”，玛丽“身上的热气，太阳的热气，烤得我迷迷糊糊睡着了”和“我只觉得铙钹似的太阳扣在我的头上”，也正是烈日灼身的身体感引发了一起以“决意要战胜太阳，战胜它所引起的这种不可理解的醉意”为核心的冲动杀人事件。说到明确存在向度与身体感的关系，我可以以高考为例来阐述。高考的那几天，可能是很多人一生之中存在向度最为明确的时期：在答好题的明确存在向度的指引下，考生的身体感会完全被意义指向所主宰，考生甚至忘记了自己还有身体，但当收卷铃声响起时，明确存在向度消失了，考生的身体感立刻便凸显了出来——手也酸了，脚也麻了……

我想提醒诸位的一点是，局外人默尔索真的冷漠且不在乎生活吗？为什么这样问呢？因为小说中有些细节让人深思。例如，默尔索曾在狱中靠回忆狱外生活来打发时间，“因为我想起了每一件家具，每一件家具上的每一件东西，每一件东西全部细小的地方，那些细小的地方本身还镶嵌着什么，一道裂缝、一道有缺口的边子，还有颜色和木头的纹理”。一个不在乎生活的人在回忆起家具时能想起这么多细节吗？他的头脑中会对世界有如此清晰的记忆吗？又如，小说的结尾部分的那段长独白：“为了把一切都做得完善，为了使我感到不那么孤独，我还希望处决我的那一天有很多人来观看，希望他们对我报以仇恨的叫喊声。”显然，默尔索并非不在乎他人，因为他希望他人来观看自己被处决及希望听到他人对自己“报以仇恨的叫喊声”。你看，多么吊诡，局外人默尔索在乎的仍是与他人共在！这段长独白让我想起鲁迅先生的那篇著名杂文《这也是生活》：

我的确什么欲望也没有，似乎一切都和我不相干，所有举动都是多事，我没有想到死，但也没有觉得生，这就是所谓“无欲望状态”，是死亡的第一步。曾有爱我者因此暗中下泪；然而我有转机了，我要喝一点汤水，我有时也看看四近的东西，如墙壁，苍蝇之类，此后才能觉得疲劳，才需要休息。

……

街灯的光穿窗而入，屋子里显出微明，我大略一看，熟识的墙壁，壁端的棱线，熟识的书堆，堆边的未订的画集，外面的进行着的夜，无穷的远方，无数的人们，都和我有关。

因此，表面上如此冷漠的默尔索，内心其实仍然火热。故加缪在《局外人》的英译版序中说：默尔索“远非麻木不仁，他怀有一种执着而深沉的激情，对绝对和真实的激情”。

《局外人》之所以让我们在阅读时有一种强烈的沉浸感（入乎其内），是因为它采用了非常容易打动人、让人产生代入感的第一人称进行叙述，但小说又如一台照相机般只客观记录现象而不发表评论，这便让读者感到默尔索似乎对时间限制、周遭世界和社会规则完全没有感觉，而只被动地接受（出乎其外）。正是入乎其内与出乎其外的张力结构使得读者能真正体验到局外人被局所不容的那种被动性，这可能就是《局外人》的成功肯綮。如果说萨特的《恶心》中的哲学思想与形象是并列的，那么《局外人》里的哲学思想与形象无疑是交融的，因为加缪成功实现了自己的写作目标——将荒诞观念转化为形象。

加缪为了凸显局外人默尔索无明确存在向度，还有意使用了一些短句来表达，如小说开头的“今天，妈妈死了。也许是昨天，我不知道”。主语、谓语、宾语、定语、状语和补语等结构完整的长句式表达是以因果律为基础理性的整理结果。长句彰显着使用者对因果律的高度认可，你看康德的《纯粹理性批判》一书中的句子是不是经常有半页长？局外人默尔索因不认可局的因果律而常会使用如电报语一般的短句。因此，我们读《局外人》的直观感受便是：《局外人》中的句子都是孤岛。我们从一句话跳到另一句话，从空无到空无。

小贴士：我们不应为了阅读而阅读，而应从作者的人生轨迹、作者塑造的人物形象、作者运用的语言等方面去挖掘作者所要表达的深刻思想内涵，感受作者传递出来的人生态度。

李晓宇:《朱子读书法》六条目的传衍与变异[①]

在中国历代读书法中，以“朱子读书法”六条目的名气最大、影响最广。今人有关“朱子读书法”六条目的研究成果也比较多，角度和侧重点各有不同：有的着眼各条目的解读，以及它对现代教育的启示意义；有的研究它对古代书院教育的影响；有的探讨近现代不同学者的理解和分歧；有的将它与西方人的读书法进行比较。尽管相关成果已很丰硕，但是，有一个问题似乎尚未引起学者的注意，即“朱子读书法”六条目——循序渐进、熟读精思、虚心涵泳、切己体察、着紧用力、居敬持志，自南宋后期被提出后，历经元、明、清三个朝代，在传衍的过程中发生了很大的变异。如果不加以辨析，随手征引，人们势必众说纷纭、莫衷一是。

一、《朱子读书法》的成书经过

朱子是人们对朱熹的尊称。朱子一生以教书授徒为乐，在教学过程中对读书理论和读书方法形成了很多精辟的论述，脍炙人口的诗作和文章有《观书有感》《读书之要》《沧洲精舍谕学者》等。但是，朱子生前并没有写出一部系统完整的论述读书方法的著作，今天所谓的“朱子读书法”其实是后人根据朱子的言论编辑整理出来的，未得到朱子认可。而且，“后儒

① 李晓宇.《朱子读书法》六条目的传衍与变异［J］. 朱子学刊，2015（2）：27-38.

汇集朱子语为《朱子读书法》者，不止一家”，不同时代都有儒者重新收集整理“朱子读书法”。总体而言，这些未经朱子本人认可的“朱子读书法”虽然很多，但不外乎两类：一类汇编了朱子文集或语录中论读书法的内容，没有明确的主题或纲要。例如，宋代黎靖德的《朱子语类》中的卷十《读书法上》、卷十一《读书法下》，清代李光地等纂修的《御纂朱子全书》中的卷六《读书法》《读诸经法》《论解经》《读史》《史学》等，以及钱穆的《朱子新学案》中的《朱子论读书法》（上中下）。另一类以六条目、四字成语为纲，将朱子论读书的内容分门别类地缀辑于后，这种体例类似于纲目体。纲目体因纲简目详、纲举目张，便于查阅和记忆，而流传很广。本文所探讨的对象就是这种纲目体的《朱子读书法》。

纲目体的《朱子读书法》源于宋人辅广。辅广，字汉卿，号潜庵，称传贻先生，系嘉兴崇德（今浙江桐乡）人。“传贻”，取“传之先儒，贻之后学”之意。《朱子读书法》大约辑于其在传贻书院授徒期间。《宋元学案》的卷六十四专门为辅广设《潜庵学案》，并列入《朱吕门人》《晦翁门人》《东莱门人》《鹤山讲友》。但是，《宋元学案》《宋元学案补遗》《朱子门人》等书都未提到辅广辑《朱子读书法》一事，我们仅能从宋人齐熙、元人程端礼等的记述中略知一二。齐熙在《朱子读书法序》中曰：“读书法者，文公朱子之所常言，而门人辅公汉卿之所编集也，嘉惠后学，可谓至矣。巴川度侍郎正属遂宁于和之校而刻之。”由此可知，《朱子读书法》是辅广辑录朱子平常谈读书法的言论而成，后由礼部侍郎度正命遂宁人于和之校订刊刻。度正（1166—1235 年），字周卿，合州巴川县（今重庆市铜梁区）人，于绍熙元年（1190 年）中进士。于和之，生平事迹不详。

辅广辑录、于和之校刻的《朱子读书法》今已不存，尽管此后张洪、齐熙的《朱子读书法》和程端礼的《读书分年日程》都声称是在辅广版本的基础上修订而成，但其中哪些是辅广辑录的文字，哪些是后来增入的文字，难以区分开来。《嘉兴府志》认为：“宋张洪齐熙同编《朱子读书法》，其上卷即辅氏原本。”此说源自《四库总目提要》，其“朱子读书法”条曰：“辅氏原本为上卷，而以所续增者列为下卷。”即张洪在《朱子读书法序》中所说的：“洪尝与亲长德胜齐君增多而胪列之，乡友王君复尽索紫阳诸书，仿为后编。”但是，四库馆臣很可能误读了张洪的这句话。

张洪、齐熙同编的《朱子读书法》成书于宋度宗咸淳二年(1266 年)。张洪，字伯大。陆心源考证：“洪，饶州永丰人，淳熙十三年(1186 年)解试，见《江西通志》。”齐熙，字充甫，鄱阳人，生平事迹不详。据张洪、齐熙二人的《朱子读书法序》，起初，齐熙在岳父双涧张先生家见到辅广的《朱子读书法》的刻本，于是借回家与张洪同看。二人还搜集增补了一些朱子论读书的文字，并调整了辅广版本的条目顺序，即齐熙所言“搜集附益，更易次第”。张洪、齐熙二人“先定纲领，以载书之所当读之故，与读之所当务之说。复于中撮其枢要，厘为六条：曰‘循序渐进’，曰‘熟读精思’，曰‘虚心涵泳’，曰‘切己体察’，曰‘着紧用力’，曰‘居敬持志’。而著其说于每条之下。于是纲领条目粲然明白，为上下两卷。”这一段提到的“纲领”、六条“枢要”与四库本《朱子读书法》中的“纲领”、六条“枢要”完全吻合，唯一不同的是，此处说只有“上下两卷”，而四库本《朱子读书法》共有四卷。笔者认为，此处的“上下两卷”应该就是四库本《朱子读书法》的第一、二卷。此后，张洪的同乡好友“王君复尽索紫阳诸书，仿为后编”，此“后编”即四库本《朱子读书法》的第三、四卷。所谓“仿为后编”，意思是以张洪、齐熙二人的增订本为前编，王君模仿前编体例而作后编，并非四库馆臣所理解的以辅广版本为前编，以后来增补的为后编。据《四库总目提要》，四库本《朱子读书法》辑佚自《永乐大典》：“原编卷次，已不可考。今酌其篇帙，厘为四卷。”由此可知，四库本《朱子读书法》的分卷并非《朱子读书法》的原貌，而是辑佚者的主观划分(见表 1)。

表 1　张、齐同编本《朱子读书法》与四库本《朱子读书法》的卷目比较

<table>
<tr><th colspan="3">张、齐同编本</th><th colspan="2">四库本</th></tr>
<tr><th colspan="2">卷目</th><th>内容</th><th>卷目</th><th>内容</th></tr>
<tr><td rowspan="7">前编</td><td rowspan="3">上卷</td><td>纲领</td><td rowspan="3">卷一</td><td>纲领</td></tr>
<tr><td>循序渐进</td><td>循序渐进</td></tr>
<tr><td>熟读精思</td><td>熟读精思</td></tr>
<tr><td rowspan="4">下卷</td><td>虚心涵泳</td><td rowspan="4">卷二</td><td>虚心涵泳</td></tr>
<tr><td>切己体察</td><td>切己体察</td></tr>
<tr><td>着紧用力</td><td>着紧用力</td></tr>
<tr><td>居敬持志</td><td>居敬持志</td></tr>
<tr><td rowspan="7">后编</td><td rowspan="3">上卷</td><td>纲领</td><td rowspan="3">卷三</td><td>纲领</td></tr>
<tr><td>循序渐进</td><td>循序渐进</td></tr>
<tr><td>熟读精思</td><td>熟读精思</td></tr>
<tr><td rowspan="4">下卷</td><td>虚心涵泳</td><td rowspan="4">卷四</td><td>虚心涵泳</td></tr>
<tr><td>切己体察</td><td>切己体察</td></tr>
<tr><td>着紧用力</td><td>着紧用力</td></tr>
<tr><td>居敬持志</td><td>居敬持志</td></tr>
</table>

咸淳元年(1265 年)，张洪在鄞县(今浙江省宁波市鄞州区)执教，恰好此时齐熙在会稽(今浙江省绍兴市)，两地相隔不远，于是两人通过书信往来，使得《朱子读书法》得以最终商榷定稿。咸淳二年(1266 年)春，张洪在鄞县县学付梓。

二、“居敬持志”与朱陆合流

张洪、齐熙二人所编的《朱子读书法》成书后，可能影响并不大。首先，当时盛行陆学，朱学不是显学，故黄百家曰：“庆元自宋季皆传陆子之学。”其次，《朱子读书法》的刊刻地点在鄞县，而当时这一带的陆学占上风，故全祖望曰：“四明之学多陆氏。”因此，张洪、齐熙的刻本在当时没有引起太多的注意，流传也不广。据《四库总目提要》，张洪、齐熙同编的《朱子读书法》“元时版已不存。至顺中(1330—1332年)，江南行台御史赵之维重镂于集庆路学”。尽管张洪、齐熙二人所编的《朱子读书法》在初刻时没有产生多大的影响，但时隔六十余年后，时来运转了，逢元代统治者宗朱抑陆，“延祐开科，遂以朱子之书为取士之规程，终元之世，莫之改易焉。是故元之儒者，服膺朱子之学”。欧阳玄说：“贡举法行，非程朱学不式于有司。”“致海内之士非程朱之书不读。”学术趋向的逆转，使不少原来陆学一派的人物改宗朱学，因此，元代理学出现了“朱陆合流”的现象。《朱子读书法》在元代的传衍，正好反映了这一时期朱陆流派融合的复杂情况。

张洪、齐熙二人所编的《朱子读书法》虽然在元代被重刻，但到明代中期又被人们遗忘了，直至三百年后四库馆臣将其从《永乐大典》中辑佚出来，才又为世人所知晓。但是，在此期间，《朱子读书法》六条目却广泛流传、深入人心，这得力于元人程端礼在《读书分年日程》一书中的推崇。

程端礼(1271—1345年)，字敬叔，鄞县人。一生从事教育事业，“在江左学校四十余年”，学者称之为“畏斋先生”，著有《畏斋集》六卷、《读书分年日程》三卷。《宋元学案》将程端礼列为“静清门人”，静清即史蒙卿(1247—1306年)，字景正，号果斋，鄞县人。咸淳元年(1265年)中进士。《宋元学案》曰：“四明之学，祖陆氏而宗杨(简)、袁(燮)，其言朱子之学，自黄东发(震)与先生(史蒙卿)始。”也就是说，史蒙卿是四明一带朱陆合流的关键人物。无独有偶，史蒙卿、程端礼师徒二人都是鄞县人，鄞县正是1266年张洪刊刻《朱子读书法》之地，而史蒙卿在刊刻的前一年中进士。程端礼在《送冯彦思序》中曰：“余自早年受学于甬东果斋史先生，授《朱子读书法》六条，所谓居敬持志、循序渐进、熟读精思、虚心涵泳、切己体察、着紧用力者。”由此可见，史蒙卿不仅读过《朱子读书法》，而且还以六条目传授程端礼。后来，程端礼又据此编写了《程氏家塾读书分年日程》。

《程氏家塾读书分年日程》，又名《读书分年日程》《进学规程》《读书工程》，初成于元仁宗延祐二年(1315 年)，建德县儒学教谕任内。此后，程端礼在教学实践中又对《读书分年日程》不断删改和修正。元顺帝元统三年(1335 年)，该书刊刻于甬东(今浙江省舟山市)家塾。此书刊刻后立即风靡天下，产生了重大影响。据《元史》本传：“所著有《读书工程》，国子监以颁示郡邑校官，为学者式。”

尽管程端礼在《读书分年日程序》中声称他这本书“盖一本辅汉卿所粹《朱子读书法》修之，而先儒之论有裨于此者，亦间取一二焉”。但是,《读书分年日程序》与《朱子读书法》在结构和文字上有很大区别。首先，程端礼没有按照原书“纲领”、六条“枢要”的结构编排，而是先列出史蒙卿教他的“六条目”(居敬持志、循序渐进、熟读精思、虚心涵泳、切己体察、着紧用力)，并附注曰：“右详见辅汉卿所编，近已刊集庆学。”这里所指的极有可能就是前面提到的赵之维重刻本，两者在时间上相近。其次，程端礼在“六条目”之后胪列了十四句朱子论读书的话，其中绝大部分不见于《朱子读书法》，另外还收录一条不明出处的古人读书法：“未熟快读足遍数，已熟缓读思理趣。”最后，程端礼以其师史蒙卿教人的一大段话结尾。《宋元学案》称这段话为“果斋训语”，其主题是“学问进修之大端，其略有四：一曰尚志，二曰居敬，三曰穷理，四曰反身”。很明显,“尚志”“居敬”对应“六条目”的第一条“居敬持志”,“穷理”对应第三条“熟读精思”,“反身”对应最后两条“切己体察”“着紧用力”。

但是，如果稍微细心一点，我们就会发现，史蒙卿传授的“六条目”和张洪、齐熙所列的六条“枢要”的顺序略有不同。前者将“居敬持志”列为第一条，而后者则将“居敬持志”列为最后一条。这绝不是口误或笔误，而且程端礼也知道六条“枢要”中的顺序是“居敬持志”在最后，因为他在《集庆路江东书院讲义》中分条阐述六条目时曰：“其门人与私淑之徒，荟萃朱子平日之训，而节取其要，定为读书法六条：曰循序渐进，曰熟读精思，曰虚心涵泳，曰切己体察，曰着紧用力，曰居敬持志。”这里所用的顺序就是张洪、齐熙原来所用的顺序。

那么，静清一派为何要改动六条目的顺序呢？众所周知，古人为学，最讲究条目次第，如《大学》中的三纲领、八条目。“物有本末，事有终始，知所先后，则近道矣”。以此类推，《朱子读书法》六条目的排列顺序，在古人看来也应该含有本末、终始、先后之意。以“居敬持志”为首，就是以“居敬持志”为本、为始、为先的意思；反之，则有以“居敬持志”为末、为终、为后之意。因此，两种排序方式明显暗含着为学方法和学术见解的分歧。清人陈宏谋已发现两者的区别。甘肃柳湖书院刊布的学规中有《朱子读书法》六条目，陈氏在后面批注曰：“朱子自定读书之法，一曰循序渐进，一曰熟读精思，二者固尽其要。而此六条者，则后人集其说而推明之者也。考庆源辅氏，先以居敬持志，次及循序渐进。而江东书院讲学，则先之循序渐进，而以居敬持志终焉。是条采端礼程氏所辑次序。而辅氏之说，则俟善学者参观而自喻之。”陈氏的这段话虽然孤明先发、见解精到，但也有两处错误：首先，他误以为“居敬持志”在前是辅广排的顺序，“循序渐进”在前是程端礼排的顺序。其次，他只知道“循序渐进”“熟读精思”两条是朱子自定读书之法，却没注意到朱熹的《行宫便殿奏札二》曰：“盖为学之道，莫先于穷理；穷理之要，必在于读书；读书之法，莫贵于循序而致精；而致精之本，则又在居敬而持志。此不易之理也。”《朱子读书法》在此段后面的小注中已指出：“循序致精”一语兼“循序渐进”“熟读精思”二条，而“居敬持志”一条正本此疏之语也。但是，陈氏已经意识到两种排序之间的微妙差别，要“俟善学者参观而自喻之”。

笔者认为，两种排序的根本分歧在“循序渐进”和“居敬持志”孰先孰后，而两者的先后问题正是朱陆两家学派长期论争的一个焦点。朱学主张“格物致知”“即物穷理”，在不同事物中探求同一的“理”，因此注重先泛观博览而后返之守约的“道问学”模式；而陆学主张“心即理”，万物皆备于我心，因此注重先发明本心而后泛观博览的“尊德性”模式。“循序渐进”在前，其实就是先“道问学”后“尊德性”的朱学；“居敬持志”在前，就是先“尊德性”后“道问学”的陆学。史蒙卿、程端礼师徒虽然号称“由陆入朱”，但其实是“带艺投师”，“他们只不过是把朱学致知笃实的下学工夫引入陆学，因此，他们的思想基本上还是陆学的范围。”

三、《朱子读书法》六条目的变异

程端礼之后，以“居敬持志”为首的六条目次序在很长一段时间里被认为是定论，没有任何人提出异议。例如，元佚名编《居家必用事类全集甲集》（明刻本）收录的《朱子读书法》、明李贤编《古穰集》中的卷二十《朱子读书法》六条目铭、吾昪的《类集朱子读书法》、海瑞的《备忘集》中的卷七《教约》等，都保持着这种顺序。这一方面是因为《程氏家塾读书分年日程》刊行全国，影响巨大，掩盖了张洪、齐熙所编的《朱子读书法》的不同声音；另一方面，明代王学盛行，以“居敬持志”为首符合当时人们的思想观念，而以“循序渐进”为首则显得不合时宜，因而渐渐被摒弃和遗忘。

一直到18世纪以后才有学者开始试图改变这种顺序。例如，前面已提到的陈宏谋（1696—1771年）批注的甘肃柳湖书院学规，采用以“循序渐进”为首的次序。除此之外，以“循序渐进”为首的还有王澍的《集朱子读书法》。王澍（1668—1743年），字若林，号虚舟，江南金坛（今江苏省常州市金坛区）人，于康熙五十一年（1712年）中进士，以书法冠绝一世。他在《集程朱格物法》中提出："窃仿辅氏汉卿集《朱子读书法》之例，定为六条，云：即物穷理，循序渐进，虚心观物，切己体察，着紧用力，居敬持志。"《四库总目提要》著录其《集程朱格物法》《集朱子读书法》各一卷，曰："陆、王之学主于静悟，故以读书为粗迹，而所谓格物者亦以为格去物欲，还虚明之本体。故澍取程、朱格物之要语与朱子读书章程，排比联络，融会其意，各为一篇，以救其弊。其词澍所自撰，其理则洛、闽之绪言，故皆谓之集焉。"《郑堂读书记》著录《集朱子读书法》，曰："元儒程畏斋尝举此六条，实以朱子之说以示门人。若林以其所引未极详备，乃复广为采辑，以类相从，而各穷其指趣，以成是编。其于成学之士，亦大有裨益云。"

从学习的目的来看，读书不仅应内求涵养，还应外求智识。但《朱子读书法》并未提出拓展知识的具体方法。众所周知，中华优秀传统文化以经史为大宗。经史之学博大精深。从经学来看，孔子删定六经，"游、夏之徒不能赞一辞"；从史学来看，历史人物和事件众多，关系错综复杂，更是"一部二十四史，不知从何处说起"。要读通经史，我们仅靠个人的涵养功夫显然是不够的。那么，经书和史籍究竟应该如何读？如果说王澍表现出回归朱子以纠正"六条目"的陆学之偏的倾向，那么接下来的王文清的《王九溪先生手定读书法》则试图超越朱陆之争，在知识获取上为初学者指出了有迹可循的门径，即"读经六法"：正义、通义、余义、疑义、异义、辨义；"读史六法"：记事实、玩书法、原治乱、考时势、论心术、取议论。

王文清(1688—1779年)，字廷鉴，号九溪，湖南宁乡人。少工文学，博学强记。雍正二年(1724年)，王文清中进士，授九溪卫学正，故号"九溪"，转岳州府教授。乾隆七年(1742年)，荐举经学，以父丧未赴，遂服阕不仕。归乡后，王文清主讲岳麓书院十余年，成就者四百余人，曾应聘编纂《湖南通志》和《长沙府志》，主修《宁乡县志》和《玉山书院志》，著《仪礼分节句读》，以句读为主，略为笺注，不厌其烦。陈宏谋任湖南巡抚时，曾在王文清故居立碑曰“经学之乡”。

综观王文清生平学术，三礼之学是主要内容，考辨源流是基本方法，可谓经学为体、史学为用。王文清在《学校论》中说：“文章根柢六经，廿二史次之。经学通则经术有本，史学熟则议论有征。乃今之学者，舍此而远求诸子，旁索百家，下至拾其唾馀，袭其面目，掠其一枝半叶，并诸子百家之意指而又失之。”在王氏看来，经史之学才是学术的正脉，精通经史则“经术有本”“议论有征”，无须“远求诸子，旁索百家”。因此，《王九溪先生手定读书法》分为读经、读史两部分，而无子部、集部的读法。

《王九溪先生手定读书法》于乾隆十三年(1748 年)春由受业弟子刊刻，并镶嵌在岳麓书院讲堂的墙壁上。该文中的读书方式的一大特点是目的性很强，要求从一开始就在一种预设目标的支配下阅读。相对那些消极的、漫无目的的阅读方式来说，这种积极的读书方式显然更便于初学。此外，细读《王九溪先生手定读书法》，我们不难发现，读经、读史之法各有六条，似有比配《朱子读书法》六条目的意思。王文清生活的康乾时期，正是清代学术由宋学(理学)转向汉学(经学)的关键时期，而王文清曾供职的三礼馆又正好是致力于这一学术转向的重要机构。乾嘉时期，“以经学济理学之穷”“以礼代理”的学术取向都与三礼馆的开设有关。王氏生当其时，其《王九溪先生手定读书法》表现出与《朱子读书法》截然不同的学术取向，可能不是巧合。

《朱子读书法》与《王九溪先生手定读书法》相比较，前者更强调读书的涵养，而后者偏重如何有效汲取书籍中的智慧。受《朱子读书法》的影响，明代书院的文人大多主张提升修养的读书法，但基本上都没有跳出《朱子读书法》六条目的窠臼。偏重传授知识的读书法至清代才开始增多。例如，比王文清稍早的李来章在《紫云书院读史偶谭》中指出读史宜“识大体：审治乱，辨贤否，考制度，晰物理”。后人评曰：“读史与读经不同，读经欲其沉细，读史欲其阔略，录此一则，可为读史法。”这与《王九溪先生手定读书法》的观点颇为相似，即读经要“沉细”，因此有正义、通义、余义、疑义、异义、辨义的分别；读史要“审治乱，辨贤否，考制度，晰物理”，这与原治乱、考时势、论心术、取议论的意思相近。所不同的是，王文清的论述比李来章的更有条理、更成体系。

但是，在肯定王文清对前人读书法的超越的前提下，我们也必须看到其对前人的模仿。例如，《程氏家塾读书分年日程》中的“看通鉴”一条列出评价历朝历代的十五个方面：“君臣心德之明暗，治道之得失，纪纲之修废，制度之因革，国本之虚实，天命人心之离合，君子小人之进退，刑赏之当滥，国用之奢俭，税敛之轻重，兵力之强弱，外戚宦官之崇抑，民生之休戚，风俗之厚薄，外夷之叛服。”这与王文清的六条读史之法相比毫不逊色，从某种意义上说还更具体，更容易让初学者上手。乾隆二十五年(1760 年)，王文清还在宁乡玉潭书院作《读书法九则》：

一是读书要专。将身收在书房中，将心收在腔子里，所谓专心致志也。

二是读书要简。用心太劳，则神疲而不能久。朱子所谓合看两件，且看一件；合读四百字，且读二百字，可见贪多不得。

三是读书要极熟。熟则与我心相入，即已读者冷如冰，未读者热如火，还要把冷的再读。

四是读书要立志。誓愿必坚，局面必大，度量必宽，不可作小小收场、草草结果之想。

五是读书要看书。得解须从圣贤赤心中领略真脉，又于有字处悟到无字处，又于博中说约，或章中寻一句，或句中寻一字，才得担斤两之处，才有把捉拿手。

六是读书要养精神。一切戕贼身心之事猛力扫除，以全副精神赴之，必势如破竹矣。

七是读书要穷经。六经是无底之海，奇文妙理，日索日出，万变不穷。学者当以此为水源木本，不可畏难。

八是读书要看史鉴。上下千古既可发其议论，亦可长经济之才。

九是读书要下笔不俗。董思伯所谓不废辞却不用陈腐辞，不越理却不谈皮肤理，不异格却不立卑琐格是也。

王氏在文末自述“以上诸条皆先贤及前辈所传”，似摘录宋明两代理学家的话。不难发现，《读书法九则》与《朱子读书法》的主张的确很相近，两者都强调涵养，而不重视知识。一种可能是王氏处在康乾学术转型的过渡时期，尚未彻底摆脱理学思想的影响。但也存在另一种可能，即王氏晚年回归理学，在治学方法上倾向于汉宋兼综，各不偏废。如果是后一种可能，那么王氏的学术见识恐怕已超过当时及此后的很多学者。因为，《王九溪先生手定读书法》和《读书法九则》的写作处在从宋明理学讲求“尊德性”向乾嘉汉学讲求“道问学”转变的时期，此后中国学术的知识主义倾向越来越明显，治学方法上对学者的道德要求逐渐降低，而对知识的扩充更加重视。比较有代表性的做法是以“列书目”取代“读书法”，而学问之道也只剩下增加知识这条不算进路的进路。

小贴士：书不可尽信，尽信书则不如无书。《朱子读书法》是后人根据朱子言论整理编辑的有关读书方法的图书。对《朱子读书法》六条目的传衍与变异进行研究，有助于我们加深对朱子读书方法的理解，传承中华优秀传统文化。

戴路：《士人身份与南宋诗文研究》书评

近年来，南宋文学研究日益引起学界重视。王水照先生曾对南宋文学的时代特点和历史定位作了总体论述，在他主编的“复旦宋代文学研究书系”第二辑中，“重新认识南宋”的视野不断拓展。在这个书系中，侯体健教授的《士人身份与南宋诗文研究》一书在引言部分提出“作为独立研究单元的南宋文学”，体现出其对这一命题的深入思考和长期研究。在“复旦宋代文学研究书系”第一辑中，侯体健教授所著的《刘克庄的文学世界：晚宋文学生态的一种考察》结合刘克庄的游士、乡绅、朝臣等身份的转换，关注其诗、词、表、启、序跋、奏议等文体的书写，探讨祠禄制度与地域文人群体的形成过程。《士人身份与南宋诗文研究》可视作对上述问题的深化和拓展。“身份”考察涉及南宋文坛的江湖游士与地方士绅群体，同时探讨以“祠官”为主体的退居士大夫给南宋文学带来的新面貌。“诗”“文”作为上下两编各自的主题，实际上涵盖多个学术门类、多种文学文体与多部著作，按照四部分类法，包括子部杂家类（《爱日斋丛抄》《履斋示儿编》等）、集部楚辞类（《楚辞补注》等）、集部总集类（《文房四友除授集》《古文标准》等）、集部别集类（《洪平斋四六笺注》等）、集部诗文评类（《纬文琐语》）等。这些著作在分类、辨体、编选、评注等方面体现出的特色，能反映出南宋学术文化的时代新变，与“身份”共同成为把握“独立研究单元”的有效切入点。

一、从社会身份的判定到文体风格的辨析

士人社会身份的判定是贯穿全书的一条重要线索。例如，第一章第一节在重新阐释“江湖诗派”的概念时，强调游士阶层的身份属性，并将游士阶层与晚宋时期官僚、学者、文人“三位一体”的士大夫阶层进行对比。第一章第二节在分析以祠官为核心的地域文人群体时，注重对群体成员身份的区分，如以方信孺为盟主的莆田诗人群体包括陈宓、刘克庄等祠官，柯梦得、赵庚夫等地方文人，高翥、孙惟信、胡仲弓、胡仲参等江湖游士。第四章第四节在谈及南宋四六类书勃兴的背景时指出，下层游幕文人群体的壮大及其对类书的内在需求是重要因素。第六章第二节在探讨《爱日斋丛抄》的撰述特点时，专门论及叶寘的社会身份，并谈到地域社会的频繁活动使叶寘对晚宋时期东南文坛信息掌握得较为全面。对阶层的划分和对社会身份的判定主要面向中下层士人，他们队伍的壮大与创作的活跃反映了近世文学发展的基本路径。《士人身份与南宋诗文研究》的一大价值就在于呈现这一基本路径的多种面貌。

值得注意的是，《士人身份与南宋诗文研究》在判定社会身份时并未局限于对各阶层文学活动的简单介绍，而是围绕文体形态、文人心态、创作风格、修辞技艺等进行细致辨析和系统归纳，为南宋文学研究提供了诸多方法论启示。该书第一章在探讨祠禄制度与南宋文学的关系时，从三个层面进行阐释：制度与文体形态、制度与文学空间、制度与文人心灵。如果我们以祠官为切入点，那么这三个层面的关系也可转换、拓展为社会身份与文体、生存空间和题材风格、诗歌技艺的相互关系。

首先看社会身份与文体的关系。该书以周必大的个案为例，指明随着从朝官到祠官的身份转换，文体形态也发生了改变，由乞祠奏札依次变为谢祠表启、归祠日记、奉祠诗歌等。这种变化轨迹让我们想起作者在著作

《刘克庄的文学世界：晚宋文学生态的一种考察》中对刘克庄身份转换与文体选择的分析。《士人身份与南宋诗文研究》一书则沿此思路作了更多探讨。例如，刘克庄对以方信孺为盟主的莆田诗人群体的描写，从五律的雕刻变为七律、五古和长篇五排的撰写。又如，随着洪适从地方官、两制词臣到退居士大夫的身份变换，其四六文体也经历了表启、制诰、上梁文的变化过程。

其次看社会身份与生存空间和题材风格的关系。由于生存空间存在差异，因此朝官、地方文人、江湖游士在审美趣味、题材风格上呈现出不同特点。陈广宏教授曾指出，南宋诗坛"尚未获得更高级功名的士人阶层或群体，正在业已形成的市民社会中崛起，形成文学上新的势力"，"他们的身份、处境，也决定了以山林幽栖、江湖游谒为代表的新的生活情态，成为诗歌的主要表现对象"，"在琐碎、平凡的日常生活中经营其诗意美感的追求"。这些表述从生存空间的角度看地方文人与江湖诗人的创作题材和审美风格。《士人身份与南宋诗文研究》在重新阐释"江湖诗派"的概念时，分析了从四库馆臣"风格论"到民国学者"书籍论"的误读过程，旨在打破书籍（《江湖集》）的限制，实现题材风格与社会身份的结合，即将清俊纤巧、率俗滑薄的诗风与江湖游士的阶层属性、生存空间共同作为界定"江湖诗派"的概念的重要标准。在论述士大夫奉祠居乡时，该书关注了田园、农事、村居等题材的诗歌及厅壁、社仓、祠庙、书院、桥梁等题材的记体文的兴盛，以此反映祠官在地域社会的活动状况。

最后看社会身份与诗歌技艺的关系。《士人身份与南宋诗文研究》以钱锺书的《容安馆札记》的评语为基础，分析了理学家许月卿的诗作中"复字""对仗拈弄"等现象，并将许月卿与邵雍等人进行了比较。这就避免了空泛地探讨理学与诗歌的关系，从而细致地归纳了"击壤派"诗歌技艺的利弊，关注其源流演变，为重新审视宋末诗歌提供了较好的范例。"谈艺"是该书撰者的基本功。无论是对南宋诗话中"交蹉语次""感官优先"的探讨，还是对洪适四六(骈文)中用事、律令、气调的考察，该书都体现出撰者在文本细读方面的真功夫。

总之，该书紧扣社会身份的线索，意在重新划分南宋文学的研究单元，而从社会身份引出的对文体、题材、风格、技艺的辨析又让这种划分回归文学本位，使“江湖诗派”“地域文人群体”“祠官文学”等概念的内在体系更加严密，这对拓展南宋文学研究的广度和深度具有指导意义。当然，该书撰者在建构新概念时仍有值得重新审视的空间。例如，该书第一章认为，“祠官文学”包括围绕他人领祠而产生的送归、饯别诗文，并以乾道七年(1171 年)诸人送汪大猷的诗歌为例。据楼钥所作行状，汪氏奉祠时“侍从馆阁诸公，赋诗留题，以饯行色”。作为一种书写传统，在朝诸官为离朝者赋诗，如何因送别对象的奉祠身份而发展成独具一格的“祠官文学”，这是需要进一步说明的。又如，该书所举的胡宪奉祠时馆阁文人的分韵赋诗发生在绍兴三十一年(1161 年)，此年王秬、胡宪、王十朋相继离朝，馆阁文人均有赋诗。该书强调，赠别诗对奉祠归隐主题的书写，与其说是祠禄制度促成，不如说是馆阁文人的酬唱风气使然。对前述诸人送汪大猷的活动，该书指出“他们在给汪大猷饯行之时，未尝不曾唤起自己以往相似的经历”，以此证明祠官的群体记忆与情感共鸣。但如果细考生平，我们会发现，赋诗饯行的吕祖谦在乾道七年(1171 年)以前并无奉祠经历，其首次奉祠发生在淳熙元年(1174 年)主管台州崇道观时。因此，群体记忆与情感共鸣用在吕祖谦身上并不合适。这是该书在界定“祠官文学”这个概念时需要注意的。

二、文章学研究的资料拓展和理论思考

自王水照先生主编的《历代文话》于 2007 年出版以来，中国古代文章学研究蓬勃发展。《士人身份与南宋诗文研究》的撰者既参与了《历代文

话》的编纂，近年来又致力于推动《历代文话新编》的出版，整理、点校了《洪平斋四六笺注》《履斋示儿编》等与文章学研究紧密相关的著作，体现出在此领域的深厚积累。具体到对南宋文章的知识考察，该书下编在文章学研究的资料拓展与理论思考方面具有极大特色。

从新材料的运用上看，该书辑录了散佚的南宋评点选本《古文标准》和文话《纬文琐语》，考证分析了《新编四六宝苑群公妙语》等前人关注较少的类书，以《洪平斋四六笺注》《文房四友除授集》为切入点，对南宋启文、拟体俳谐文等文体的形式结构进行了系统分析。在具体的文本解读中，该书撰者也注意对稀见批评材料的运用，如“独句”（发句、傍句、漫句），“短对”（壮句对、紧句对、长句对），“隔对”（轻隔对、重隔对、疏隔对、密隔对、平隔对、杂隔对）等，这种细密划分对剖析骈文句式是卓有成效的。在此之前，南宋王应麟在《辞学指南》中就对制文体式有细致的剖析，如“制头四句四六一联，散语四句或六句，不须用联”，“‘於戏’用一联，或引故事，或说大意……后面或四句散语，或止用两句散语，结不须更作联，恐冗”。这些都针对的是程式化的骈文写作，体现出南宋的四六在章法句式上的独特风貌。总之，针对谋篇布局的体式格法，围绕征典用事的笺注，体现群体性酬唱风气的文章总集，服务社会政治礼仪的四六类书等，共同构成南宋文章学研究的基础性资源。

面对这些材料，该书撰者并未止步于文献辑考与记录，而是进一步作了分类辨析与对比归纳，为后继研究者提供了可供借鉴的经验。例如，撰者以职官、地理、姓氏、时节四大类目概括四六类书中具有官僚体制色彩的知识世界，以此区分文人别集的个人心灵世界与文学选集的文本秩序世界。在比较骈文批评与古文批评时，该书撰者指出，讨论隶事、对偶、声律、藻饰等是前者偏爱的方式，因此散联成为骈文批评的基本单元，正所谓“较胜负于一联一字之间”；古文批评则较少推敲字句，更注重篇章脉络、立意文眼。这种概括抓住了两种批评体式的关键。又如，该书的第六章第二节将学术笔记划分为三类，第一类是小学、史学等专门学术成果，第二类是内容范围广、形式多样的丛谈，第三类以经、史、子、集、小学为主体框架。对第三类学术笔记的演变，该书撰者梳理了南宋的《能改斋漫录》《野客丛书》《考古编》《履斋示儿编》《习学记言序目》《黄氏日钞》《困学纪闻》等。这对研究宋代笔记史具有借鉴意义。再如，第五章第一节在研究王水照先生提出的文话“四分法”的基础上，重点梳理了第四类学术笔记——“有评有点之文章选集”在南宋的时间线，认为《古文标准》与《古文关键》《崇古文诀》《文章正宗》同属早期选本，对之后的《古文集成》《文章轨范》等产生了重大影响。这些都是《士人身份与南宋诗文研究》的撰者在细致考察编纂体例、批评特色、选文标准、审美范畴后做出的整体性判断。

当然，《士人身份与南宋诗文研究》在具体的文本解读方面仍有可以补充之处。例如，洪适的“宣王复文、武之土，永固洪基；齐人归郓、讙之田，不失旧物”一联同杨万里的《诚斋诗话》所引文字相比，略有不同（“永固洪基”作“可谓中兴”）。《士人身份与南宋诗文研究》的撰者考察了“宣王”“齐人”的出处，对“永固洪基”“不失旧物”亦“用古人语”。此外，《士人身份与南宋诗文研究》的撰者认为，洪适的“扣楫扫清”对“据鞍矍铄”与王铚在《四六话》中提到的“揽辔澄清”对“据鞍矍铄”相似，并且两者在声律上一样和谐。但“澄清”与“矍铄”是叠韵相对，而“扫清”与“矍铄”并非如此，这是值得重新检视的。

三、晚宋文坛图景的多角度呈现

如果说“祠官文学”、骈文的“程式化转向”等提法是该书撬动南宋诗文创作特点的支点，那么该书撰者的研究专长则是对晚宋文学的深度挖掘。该书在考察晚宋文学生态的基础上，为资料散佚严重的晚宋文坛勾勒了线条丰富、内容多样的图景。

从文人群体看，该书引言部分谈到刘壎的《隐居通议》中记载的江西南丰诗人群体。这个群体基本活跃于盱江一带，其创作活动从南宋理宗时期持续到元代前期，但历来较少受到研究者的关注。第一章第一节在辨析“江湖诗派”的概念时，介绍了被这一概念遮盖的晚宋士大夫群体，举出郑清之、洪咨夔、林希逸等代表性诗人，并且将他们分为两类：被元祐-江西的典型宋调浸润的士大夫群体和个性显著的理学家诗人群体。第一章第二节中的晚宋部分涉及淳祐年间(1241—1252 年)以刘克庄为代表的莆田诗人群体。第四章第三节则谈到晚宋时期参与唱和与仿写《文房四友除授集》的文人群体，总共 20 人。他们的影响以莆田为中心，辐射全国。从历史事件看，该书在探讨笺注、类书与学术笔记时，时常涉及史实。例如，端平三年(1236 年)崔与之在广州平叛之事，绍定二年到三年(1229—1230 年)陈韡与程珌的捕盗之事，绍定四年(1231 年)临安火灾之事等。从作家、作品看，该书通过《明抄残本<新编四六宝苑群公妙语>考述》辑录了真德秀、赵汝谈、李刘等晚宋重要骈文作家的散佚启文，另辑朱复之佚文六篇，这对读者了解这一时期的四六创作风貌大有裨益。

总之，通过收集整理文人群体的特点、历史事件、散佚作品，我们必将逐步补强宋代文学研究中晚宋文坛研究这一薄弱环节。这些材料的汇聚对我们延伸该书中提到的诸多概念也有一定功效。例如，对“地域文人群体”，我们一般认为其由退居归乡的士大夫和稳居地方的士绅组成。但在“稳居”之外，常常有在朝或外任的官僚士大夫带领同乡幕僚活动的现象，这让地域文人群体呈现出较强的流动性。以该书在开篇提到的江西南丰、南城一带的文人群体为例，南城籍名臣包恢在荐举同乡文士方面扮演了重要角色。刘壎撰有《跋吴云卧与包文肃公荐士书》，提到南城人吴汝弌写给包恢的自荐信。包恢的幕僚中有不少同乡。包恢长期任用南城人范礼(去非)代写公文，“登崇班、牧吴门，必屈去非偕行”；也曾邀请刘壎同行，“丙寅春，宏斋先生入政府，约与俱”。可见，与江湖游士相比，地域文人群体内部建立了地缘纽带；与地方士绅相比，地域文人群体又具有一定的流动性。这些都体现出地域文人群体内部的身份多变性与活动多样性，需要我们在探讨晚宋文坛时予以动态考察。

小贴士：比较阅读能使我们抓住文章的主要内容，加深对文章的理解。该文作者不仅在横向、纵向的比较中把书读薄，而且在批判性的补充中把书读厚。

胡畔:《诗学大典》的艰辛付出与当代意义

《诗学大典》的问世不能不说是21世纪以来中国诗学建设的一项重要成果。很难有人相信，这部多达五百万字、包罗古今中外诗歌知识的大典，其作者游光中先生和黄代燮先生竟不是专门从事诗学研究的，他们历经十余年才共同完成这部巨作。漫长的中国古代社会中，有许多评价诗人创作、诗歌作品的诗话论著，但鲜有工具书性质的诗学词典。在中国近现代史上，新诗诞生至今已有近百年，诗学论著也有不少，但工具书性质的诗学词典同样不多。20世纪80年代至21世纪初期，我国逐渐出现一些诗学词典，但一般都是中小型词典，内容有限。像《诗学大典》这样的鸿篇巨制不仅在我国绝无仅有，在国外也是极为罕见的。在我国历史上，一部大型字典或词典往往由官方组织专门机构和庞大队伍编写，耗时多年、斥资巨大，方能成书，而《诗学大典》是游光中先生和黄代燮先生利用业余时间编撰而成。其艰难程度可想而知。

《诗学大典》的第一作者游光中先生于1982年1月毕业于四川大学中文系汉语言文学专业，留校后从事党政工作多年。他因曾在中文系学习而深受前辈学者的影响，热爱文学，尤喜诗歌，在读书期间便搜寻研读了不少诗学著作，并暗暗萌生不虚所学的想法，立下将来在诗歌研究上有所作为的志向。他虽然在毕业后从事党政工作，却始终不愿丢掉专业知识，在工作之余一直坚持写作，并特别关注诗歌研究、理论方面的资料及最新动态。该书的另一位作者黄代燮先生是一位从事中学语文教学工作多年的老师，也是一位钻研诗歌的学者。1988 年，他们合作出版了第一本关于诗歌的书《古代哲理诗一百首》。当他们为编写该书而查找有关诗歌资料时，竟发现书店和图书馆里几乎找不到专门的诗学辞典。当时正值我国改革开放后不久，文学研究和诗学研究的繁荣时期还没有到来，虽然文学类小型工具书开始出现，里面包含一些诗歌的词目词条，但并不全面且释义简单，内容也较为粗略。最大的缺陷是只有中国诗歌，而没有外国诗歌。鉴于此，游光中先生和黄代燮先生瞅准这个机会，决定动手编写一部诗学词典，使其内容涵盖古今中外的诗歌理论和知识，争取填补辞书领域的空白。编写诗学词典的计划既定，游光中先生立即动手草拟提纲，写作词目词条样稿，并联系出版社。多家出版社充分肯定游光中先生和黄代燮先生的设想，并向他们约稿。考虑到出书的方便，他们就近选择了陕西人民教育出版社。书名定为《诗学大典》。游光中先生负责全书的体例架构、质量要求、格式规范及出版事宜。正文内容则由游光中先生和黄代燮先生二人分工编写。

由于《诗学大典》系国内首部大型综合辞书，需要汇集古今中外的诗学理论与知识，因此工程浩大、编写难度极高。巨大的工作量和难以想象的辛劳让他们数度产生畏难情绪，但他们并没有轻言放弃，而以执着的精神和一定会成功的信念，艰难而坚定地继续着词典的编撰。

巨大的工作量成为游光中先生和黄代燮先生在词典编撰中遇到的第一大“拦路虎”。古今中外，诗歌著作汗牛充栋、浩如烟海。要从繁复的材料中查阅、收集、梳理有用的信息，并写成词条，头绪多、任务重，既需要耐心，又需要细心。他们利用寒暑假、周末，到省、市及学校的图书馆翻阅图书、报刊，有目的地查询有关资料并抄写下来，积累了大量文字素材，有七八百万字。他们梳理这些文字素材，分门别类地进行整理，不断补充完善，以备足建筑这座诗学大殿的基本材料。

限于二人之力，他们要编写如此一部重量级的工具书，就不得不承担超负荷的写作任务。据游光中先生介绍，当时没有电脑，他们全靠爬格子。写错了，或者对文字、文意不满意，他们就删掉并重写。他们并不作简单的抄写，而对每个词条都融入自己的研究心得和体会，因此每个词条都似一篇小论文，都具有创造性。这样，他们有时需要两三个小时才能写就一千字，有时需要几个星期才能写成一个词条。每个词条的写作都是一种创造性劳动，既耗时，又费心。写作之艰辛，外人很难想象和体会到。

业余时间不敷写作之用成为游光中先生和黄代燮先生在词典编撰中遇到的第二大拦路虎。出版社经常催稿，希望他们尽快完成，以便将这部工具书早日推向市场。而游光中先生和黄代燮先生有各自的本职工作，只能在休息时间写作。工作量大和写作时间少的矛盾令他们抓紧业余时间，绝不浪费分秒。他们将一天当作两天用，在做好本职工作以外的时间，全身心地扑在写作上，放弃娱乐和休息，力争早日完成写作任务。每天吃过晚饭，他们便关起门来，一头扎进查阅资料和写作里。法定节假日、寒暑假、周末成为他们写作的黄金时间。长达五六年，他们连一年一度的春节联欢晚会也毅然放弃，没有动心去看过。家人在客厅看春节联欢晚会，他们就躲在里屋里写作，舍不得浪费一丁点儿的时间。

寒暑两季对他们来讲是很难熬的时期。20 世纪 90 年代初，人们的生活还不富裕，大学老师也一样，住宿条件不太好。游光中先生当时住在顶楼，家里没有空调，夏天室内奇热，他只能穿条短裤，赤膊写作。纵然大汗淋漓，上身如有数条小溪在流淌，他也坚持埋头写作。为避免汗水浸湿稿纸，他便在手腕处垫一张干毛巾，一天要换好多次。一天，一名学生到游光中先生家里办事，见状后大为感慨地对他说：“游老师你就像才从水里捞起来似的，这样热还在坚持写，太让我震撼了。”冬天屋里阴冷，水泥地像冰一样寒彻肌肤，游光中先生就穿一双单皮鞋，不到一小时，两脚就被冻得冰凉，他却舍不得花时间去校园散步以暖和身子。他用的笨办法是穿两条毛裤，戴护膝，盖毛毯。他就在这样的情况下坚持写作。据游光中先生说，黄代燮先生的情况和他大体相同。他们为了心中的那份理想和执念，共同在寒冬酷暑中笔耕不辍。

思想之弦的高度紧绷及早日完成任务的强烈紧迫感使得游光中先生常处于亢奋状态，即使到了深夜也很难入睡。他说他躺在床上，似乎能听见神经阵阵跳动的声音。有时刚要入睡，突然惊醒。过了两三个月，他明显感到身体健康状况不加、身体各项功能减弱。不得已，他隔天就跑趟校医院，请医生开中药，靠喝中药来支撑身体和振奋精神，前后大约持续了两年时间，直到完成《诗学大典》的写作。当时，一位了解他情况的川大中文系教师善意地开玩笑说："你成天背着药罐写书，别到出版时书里都是中药味道。"

在编撰《诗学大典》时，游光中先生和黄代燮先生还遇到经费不足的问题。因为这部书从开始构思起就被多家出版社看中。这些出版社纷纷表示愿意免费出版，因此游光中先生和黄代燮先生就没有向学校有关部门申请科研经费。但编写这样一部巨著，花钱的地方不少，如资料购买费、同出版社及作者往来的差旅费。没有经费，他们就自己掏钱办事。当时，他们的工资都不高，额外的开支确实给家庭带来了较为沉重的负担。但为了早日将图书出版，他们只好节衣缩食了。

就这样，游光中先生和黄代燮先生年复一年地坚持写作，手稿一天天堆积得越来越高。他们两人的手稿垒在一起，差不多有两米高了。他们以蚂蚁啃骨头的精神，终于完成五百万字的《诗学大典》的全部手稿的写作工作。陕西人民教育出版社的责任编辑赵长安老师来成都取手稿时，是用扁担将其担上火车并担回出版社的。

在陕西人民教育出版社对《诗学大典》的手稿进行紧张编辑的关键时刻，责任编辑赵长安老师意外去世。在悲痛之余，人们发现《诗学大典》的编辑出版工作也不得不停滞。《诗学大典》的编辑出版工作在 20 世纪 90

年代中期被迫中断，搁置了十多年。直到2011年，陕西人民教育出版社才重新安排人员负责《诗学大典》的编辑出版工作。在该书的编辑期间，由于陕西人民教育出版社缺乏懂行的专业编辑人员来做好此项工作，因此为了保证质量，游光中先生和黄代燮先生主动承担起全书的校对工作。对前一任责任编辑处理过的稿件，他们校对了五遍；对新一任责任编辑处理过的稿件，他们又校对了四遍。算起来，他们写作了五百万字，又反反复复地看了四千五百万字的样稿，这才迎来了《诗学大典》于2015年的正式面世。

《诗学大典》的当代意义在于，它的出版填补了国内大型诗学工具书的空白，对中国诗学的深入研究具有重要的参考价值，对中国当代诗歌的创作和阅读也有相应的启发作用，必将在诗学领域产生持久而广泛的影响。这部《诗学大典》具有规模宏大、体系严密、内容丰富、资料翔实的特点，这在中外诗学辞书领域实属罕见。书内共收词目一万四千多条，共有洋洋洒洒五百万字，包含古今中外的诗学理论、诗歌艺术、诗歌美学及两位作者的研究心得，凡诗歌体裁、格律、理论、思潮、风格、评论、作家、作品、社团、刊物等方面的知识，无不尽力囊括。《诗学大典》是迄今为止世界上最大的诗学工具书之一。《诗学大典》中的词条，释义详尽、例证丰富，理论性和知识性兼具，这使得这部巨作非常实用。每个词条都在词义内涵、因果流变方面条分缕析，使得来龙去脉清清楚楚、详细明白。重要词条的释义甚至多达两三千字，不仅适用于专业人士，而且适用于普通读者，较好地解决了一般诗学辞书因内容过于简略而难以阅读理解的问题。这不仅为诗学研究者提供了一个专业的平台，而且为广大读者学习诗学知识、提升诗学素养、培养诗歌鉴赏能力提供了很大的帮助。

《诗学大典》出版后，不少专家、学者对该书给予了充分肯定。著名当代文学研究学者，新诗理论家、批评家、教育家，中国诗歌批评、新诗史和诗歌理论研究领域的引领性标志性人物，中国当代文学学科最早的创建者之一，北京大学第一位当代文学博士研究生导师谢冕先生认为：“《诗学大典》为中国当代诗坛献上了一份厚礼，对学习诗歌与研究诗歌都有重要的作用。”北京师范大学中国当代新诗研究中心主任、著名评论家谭五昌先生赞誉：“《诗学大典》堪称大典，在中外诗歌史上无疑是一部有深远影响的文献。”《诗学大典》不仅在四川省写作学会 2015 年学术年会上获得了优秀学术成果特等奖，而且被作为优秀学术成果一等奖、二等奖的奖品。四川省写作学会会长、著名学者诗人干天全在颁奖会的致辞中评价：“游光中和黄代燮两位作者做了许多诗学专家学者做不到的事，《诗学大典》对当代诗学的建设善莫大焉、功莫大焉。”

《诗学大典》汇集了古今中外的诗人智慧和诗歌精神，凝结了游光中先生和黄代燮先生为之付出的辛勤劳动与汗水。这部大典是他们在诗歌学园地中默默耕耘后收获的硕果，也是 21 世纪以来中国诗学建设的一项重要成果。中外诗歌史上将留下游光中先生和黄代燮先生的名字。

小贴士：读书不仅要入乎其中，而且要出乎其外。本文作者运用考察式读书法，对《诗学大典》的作者的艰辛成书过程进行了细致考察与描述，让读者对该书的写作价值与意义有了更为深刻的认识和理解。

罗祥文：品锐士精神，图复兴梦想

——读《大秦帝国之黑色裂变》①

风雨春秋写荣枯，铁血战国论兴亡；

论兴亡，路茫茫，复兴大梦百年长；

梦虽长，志不忘，忠贞爱国尽沧桑；

尽沧桑，更万象，朗朗新政焕四方；

焕四方，采众长，不忘初心铸玄黄；

裂变风烟今复燎，锐士精神鉴过往。

2 700 年前，华夏大地进入凡有血气、皆有争心的裂变之世。这是光辉灿烂之星冉冉升起的时代，也是生生不息的民族精神汇聚形成的时代。时光荏苒、斗转星移，悠悠岁月尘封了那段金戈铁马、英雄柔情的过往，留给我们的是坚毅前行的强大精神动力，以及美好而又厚重的梦想。

《大秦帝国》共 6 部、11 卷、504 万字，抒写了大秦锐士忍辱负重、碧血丹心的奋斗历程，颂赞了六代秦王殚精竭虑、厚积薄发的坚韧信念。不同于传统历史小说的写作模式，《大秦帝国》的立意根本是寻找民族精神之源，这也是孙皓晖先生 16 年笔耕不辍的最终目的。“我们这个社会，极其类似于春秋时代，万物共酿，六合激荡，天下多元，信念危机处处皆是，时常有人迷失方向。”诚然，我们也生活在一个创造、争鸣和变革的裂变

① 马骁，曾道荣．光华札记：第 1 辑［M］．成都：西南财经大学出版社，2018.

时代。这一次“革故鼎新”，是我们全面建成社会主义现代化强国，是实现中华民族伟大复兴。习近平总书记指出：“实现中国梦必须弘扬中国精神。这就是以爱国主义为核心的民族精神，以改革创新为核心的时代精神。这种精神是凝心聚力的兴国之魂、强国之魂。”

这种精神孕育于5 000多年的中华优秀传统文化。中华优秀传统文化、革命文化和社会主义先进文化，积淀着中华民族最深层的精神追求，代表着中华民族独特的精神标识。本着对当今时代的思量，本文试图通过重现那段风云变幻的岁月中的动人事迹，来分析强秦之路背后的锐士精神，并呼唤今日之锐士为实现中华民族伟大复兴的中国梦而不懈奋斗。

一、忠贞爱国、尚群为公

锐士精神首先是忠贞爱国、尚群为公的奉献精神。《大秦帝国》把尚群为公作为锐士精神的重要组成部分并反复强调。尚群是指把群体利益置于个人利益之上，为国家的事业奉献自我，这些自我包括王侯将相，也包括平凡百姓。在变法图强的过程中，秦人惕厉自省、万众一心，上有孝公、商鞅忧国奉公、殚精竭虑，下有百姓挖田筑渠、为国蓄粮。在战场上，大秦的将士奋勇杀敌、保家卫国。他们的背后也有父子分离、夫妻相别的悲情场景，然而家乡父老绝不是优柔寡断、有己无人之辈，“赳赳老秦，共赴国难”就是沙场将士为国捐躯而无怨无悔、巾帼女子辛勤劳作而不让须眉的真实写照。在变法初期，商鞅为彻底改变秦国百年来家族间械斗的恶性循环局面，依照秦国新法，斩首参与械斗的七百多人。行刑前，秦孝公非常矛盾：刑杀七百多人，千古未闻，后果不堪设想。但如果不这样做，实际上是在宣告变法流产，秦国将回到老路上，在穷困中一步步走向灭亡。商鞅坚定地认为：秦人明大理、识大体，秦国扛得住，秦人扛得住。结果如他所料，在行刑现场，曾篆刻“国耻”石的老白驼，作为械斗的主犯之一，在被行刑前慷慨陈词：“私仇小，国仇大。秦人莫忘，私斗罪死耻辱，公战流血不朽！”言毕，他为护法而自殉。这次行刑，没有一族请愿，没有一人鸣冤。此后，秦国新法伴随着强国梦深深根植于秦国人的心中，滋养了一代又一代大秦锐士。小说第五部借青年嬴政之口指明忠贞爱国、尚群为公的奉献精神的重要性——“人无神气，一事无成！国无神气，一事无成！”此神气就是诚挚的爱国情怀，能使人民万众一心，在上下交困中不断奋进。

这种以爱国主义为核心的民族精神是中华民族团结奋斗、自强不息的精神纽带。它来自中华儿女对故土家园和璀璨文化的深深眷恋。从“捐躯赴国难，视死忽如归”的悲壮到“但使龙城飞将在，不教胡马度阴山”的豪情，从“为中华之崛起而读书”到“起来，不愿做奴隶的人们”，无数次发自肺腑的呐喊，都饱含中华儿女对家国的热爱。以爱国主义为核心的民族精神为中华儿女报效祖国提供了不竭动力，使中华民族屹立东方 5 000 年不倒，在涅槃中浴火重生。近年来，习近平总书记在不同场合多次提到爱国主义精神对国家、民族的重要意义，勉励国人不忘历史、团结奋进。在党的十九大上，习近平总书记指出，实现中华民族伟大复兴的中国梦指日可待。越接近梦想，前进的道路就越艰辛，我们就越需要强大的精神力量作为支撑。

二、前赴后继、奋发图强

锐士精神是前赴后继、奋发图强的拼搏精神。锐士称号不仅属于浴血奋战的将士，也属于每一位为国家兴亡而奋勇向前的中华儿女。商鞅之所以选择弱小边远的秦国，一是因为秦孝公胸襟宽广、志向远大，二是因为秦国人坚韧豁达、质朴善良。正如商鞅所言：他喜欢秦国的苦菜烈酒，尽显本色。大秦锐士不贪念都市的锦衣玉食，也不眷恋各国的香车美酒。他们将“强秦之姿”作为毕生梦想，食苦菜、饮烈酒，用精湛的黑鹰剑法为祖国开疆拓土；他们抛头颅、洒热血，以宁死不屈的精神在关山日夜坚守。秦孝公曾在政事堂前立起“国耻”石，上刻“同心变法，洗刷国耻，若有异心，天地不容”，赤诚之心至死不变。每当危难之际，总有大秦锐士在疆场上书写拼搏传奇。这些人大多没有显赫的家世，或是布衣贫民，或是是山野村夫，生存的压力本该消磨其斗志，恶劣的环境本该泯灭其理想，但他们生活在这个裂变之世，成长在这个充满了英雄与传奇的时代，用热血铸就了辉煌的一生。做事不计险难，劳动不畏艰辛，脚踏实地以能事为荣，披星戴月以公事为本，因此大秦锐士横刀立马扬名六国之外，大秦法令安内攘外吸引六国来朝。正所谓“赳赳老秦，复我河山。血不流干，死不休战。西有大秦，如日方升。百年国恨，沧海难平。天下纷扰，何得康宁？秦有锐士，谁与争雄！”锐士的鲜血洒落在巍巍函谷、寂寂河西，洒落在夕阳下的咸阳城，凝聚成中华民族永不磨灭的锐士精神。这些精神鼓舞我们奋发图强、报国进取。

“历史车轮滚滚向前，时代潮流浩浩荡荡，历史只会眷顾坚定者、奋进者、搏击者，而不会等待犹豫者、懈怠者、畏难者。”正如习近平总书记所说：“青年兴则国家兴，青年强则国家强。青年一代有理想、有本领、有担当，国家就有前途，民族就有希望。”对我们青年来说，和平年代的“赤子之心”，就是增强主人翁意识和责任感，将梦想与社会发展需要相结合，不断加深对自我的认知，改正已有错误，从我做起，从学习生活中的点点滴滴做起，在科教兴国、创新驱动、乡村振兴、军民融合等战略中大显身手，在社会转型时期，一往无前、奋不顾身，将创意与热情融入全面建设社会主义现代化国家中，为实现中华民族伟大复兴的中国梦贡献自己的价值。

三、革故鼎新、继往开来

锐士精神是革故鼎新、继往开来的创新精神。创新是一个民族进步的灵魂，是一个国家兴旺发达的不竭动力。裂变之初，六国密谋分秦，在这危急存亡之际，秦孝公在全国推行了轰轰烈烈的变法运动，使秦国先后超越强国魏、齐，拉开了强秦的序幕。变法，列国皆行，为何唯独秦国大获成功？正如史家所言：“然夷翟之秦，所以能跃为列强，长雄诸侯，乃至兼并六国，实亦商君变法之功也”。在我看来，商鞅变法有两个划时代的创新，一是对秦国治国理念和发展战略的思想创新，二是对军事、农商体系的制度创新。在商鞅入秦之前，列国都实行过变法，但究其根本，还是礼治或人治，不适用于“比于戎翟”的秦国。商鞅三见秦孝公，最终以“霸道”之说获得鼎力支持，在秦国实践了“以法治国”的理念。更具创造性的是，在初与秦孝公论天下时，商鞅便提出了建立“据河山之固，东向以制诸侯”的帝王之业，改变了秦国君臣长期被动防守的观念，并一直引导着秦国的统一大业。以险固的河山为后盾，进击中原，进而一统天下，这种战略思想在之后的 2 000 多年中被无数政治家、军事家所采纳。他们根据不同的社会背景、不同的自然条件，灵活运用战略思想，创造了一个又一个历史奇迹。在制度创新方面，为了改变影响国家实力的根本因素——经济和军队，商鞅提出“农战”策略，以战养战，耕战结合：“兴兵而伐，则武爵武任，必胜。按兵而农，粟爵粟任，则国富。兵起而胜敌，按兵而国富者王。”国民战时为兵、平时为农，既可通过奋勇杀敌建功立业，也可通过精心耕种加官晋爵。“农战”策略和贵族世袭制的废除，为国家解决了人才选拔的问题，粮食增产，军队强大，吏治清明，国家富强指日可待。商鞅提出的“农战”策略鲜明地体现了以农民为主的国家，必须把“三农”问题放在首位的深刻思想。商鞅在《强秦九论》里的观点让普通百姓冲出了“小民无为”的樊笼，看到了建功立业、追逐信仰的希望。自此，大秦儿女创业立功的热情被彻底释放，将士舍身报国，百姓辛勤劳作。变法二十年，八百里秦川频现锐士，骁勇新军令人闻风丧胆，雄厚财力稳居七国之首，神州大地奏响秦土尽是锐士的战歌。

中国历史上多时势造就的英雄，但少造时势的英雄；社会裂变中多坚持改良主义的英雄，但少进行颠覆式创新的英雄。时势所造之英雄，车载斗量，改良遵从者，更仆难尽，寻常英雄也。是故，造时势定需继往开来的创新。对肩负中华民族伟大复兴事业的我们来说，学习发达国家在教育文化、智能制造、制度管理等方面的创新精神，并坚定不移地走中国特色自主创新道路，是一项关键而艰巨的任务。历史的经验告诉我们：唯改革者进，唯创新者强，唯改革创新者胜。党的十八大以来，科技创新硕果累累，“一带一路”隆重起航，中国的改革创新令世界瞩目。生长在这个以创新为标志的时代，我辈青年应当密切关注国计民生，在课题和实践中勇于探索，力图用新的思路和方法，助推中华民族伟大复兴的进程。

四、不忘初心、兼容并蓄

锐士精神还是不忘初心、兼容并蓄的博学精神。《大秦帝国》浓墨重彩地描写了秦国历代君主对各个学派的包容与推广，不同派别的锐士都用本家学说助力实现强秦之梦。法家代表人物商鞅针对秦风剽悍、秦人好战的特点，因时变法，以农战为本，定分止争、富国强兵，如刮骨疗伤；纵横家张仪于六国合纵时入秦，凭借三寸不烂之舌和对列国形势的洞察，以“连横破纵”之创举，为秦国创造“大出天下”之机；后人范雎因时而动，形成“远交近攻”的外交思想，为成就霸业保驾护航；计然家蔡泽察民生而知利害，通货物、振百工、平物价、轻赋税，在大战之下保国计民生。在秦国“东向以制诸侯”的百年中，诸子百家在这片土地上不断切磋，秦国朝野也以罕见的包容并蓄态度，将社会科学和实践技艺等知识融为一体，在战国末期形成集大成的作品——《吕氏春秋》。作为秦国在一统天下之际的总结性发言，《吕氏春秋》生动体现了秦国崛起中雄视百家、跨越诸子、博采众长、精进不休的发展逻辑。以治国思想为例，《吕氏春秋》收录了儒家的民本思想和德治观念，认为“王之本在于宗庙，宗庙之本在于民”，指出善待百姓的君主才能实现国家富强；但是，《吕氏春秋》也传承了法家的君臣之别和赏罚之分的理念。《用民》中说：“(民)欲荣利，恶辱害，辱害所以为罚充也，荣利所以为赏实也。赏罚有充实，则民无不用矣。”从这里我们也能看出，秦国坚持尚功利、奖耕战的传统，但在废弃严酷刑罚和巩固王权专制的基础上，创造性地提出德治为主、法治为辅的治国方略——君王应该提升修养，了解百姓的需求，先修身后治国，再据法、执势，教导百官去实现自己的治国理政目标，只要“上之人明其道，下之人守其职”，就能形成“上下之分不同任，而复合为一体”的大同社会。这种以“君无为”促进“臣有为”的治国之道就是道家的“无为”“天道”思想的集中体现，给君王提出了相当高的要求，为后来的专制主义中央集权制度的建立打下了理论基础，这是后话。可以说，没有海纳百川、兼容并蓄的胸怀和气度，就没有秦国的崛起。

遗憾的是，一统天下后，秦国的统治阶级没能正确处理继承和创新的关系，用傲慢自大代替了兼容并蓄，从“废先王之道，焚百家之言，以愚黔首”到“焚书坑儒”，春秋战国时代培养出的百家争鸣、取长补短的精神，完全被君主的独断专行所取代。初心已失，精神亦灭，秦二世即亡。不可一世的帝国虽然凄凉落幕，但其兴亡中所展现的世界奇观及沉痛历史教训都是实现中华民族伟大复兴的宝贵财富。

和大秦锐士一样，我们也生活在一个裂变时代。这是一个千帆竞发、百舸争流的时代，在这个时代，我们只有不断学习、不断发现，才能有所进步，占得先机；这也是一个百家争鸣、错综复杂的时代，我们需要坚定信念、不忘初心。在全球化背景下，西方思想文化不断渗透，霸权主义时有抬头，中国青年若不能增强“四个意识”、坚定“四个自信”、做到“两个维护”，在借鉴与创新的过程中就会迷失奋斗方向，陷入邯郸学步的囹境。因而，中国青年只有把实现中华民族伟大复兴作为毕生奋斗目标，保持永不懈怠的精神状态和一往无前的奋斗姿态，才能在这个裂变时代中杀出重围、铸就辉煌。

五、结语

大秦锐士拥有的民族精神、肩负的历史重任、担当的时代使命值得我们仔细体会。大秦锐士横刀立马、不畏生死，在疆场上书写传奇人生，值得我们学习和思考。党的十九大后，中华民族伟大复兴进入关键时期。在这时，如果我们畏首畏尾、生搬硬套，不仅无济于事，还可能功亏一篑。我们应汲取大秦锐士的精神力量，引导社会价值取向，弘扬民族精神，铸就中华长剑，捍卫民族梦想。历史的车轮只会载走坚定奋进的勇士，而心猿意马、畏首畏尾之人，注定会被时代的潮流所淹没。继承和发扬以爱国主义为核心的民族精神、以改革创新为核心的时代精神，坚忍奋进、包容并蓄，不忘初心、牢记使命，我们定能在这个裂变时代继往开来，实现中华民族伟大复兴的中国梦。

小贴士：以史为镜，可以知兴替。该文作者精选《大秦帝国》一书，解其言、知其意、明其理，深刻阐释了忠贞爱国、尚群为公，前赴后继、奋发图强，革故鼎新、继往开来，不忘初心、兼容并蓄的锐士精神，鼓舞人心、凝聚力量、催人奋进。

王书君：从味蕾诱惑看文化自信

——读《舌尖上的中国》[①]

2014年《舌尖上的中国》在央视播出，一时大火。它符合观众艺术审美追求的方向，以一种全新方式传播了中华优秀传统文化，将传统饮食与文化相结合，在给观众带来视觉诱惑的同时，也带来了灵魂上的冲击。最开始我陶醉于食物的诱人，接着看下来就沉思于人与人之间的质朴情感，最后则感叹于中华五千年的饮食文化与生活智慧。纪录片一共两季十四集，看下来，我既酣畅淋漓又内心温软。

数年之后，有幸找到了纸质版的书，我再次翻开，时岁不同，感慨依旧。

读时正值中国共产党成立95周年，习近平总书记在回顾历史进程时提出要坚定中国特色社会主义道路自信、理论自信、制度自信、文化自信。何谓文化自信？我们如何才能够坚定文化自信？为什么在这部纪录片中，简单廉价的美食会勾起那么多情怀与对文化的呼唤？为什么有些人对文化的感知愈来愈平淡？面对这些问题，我在这本原本只是记录美食与人文风情的书中找到了一些自己的答案。

---

① 马骁，曾道荣. 光华札记：第1辑［M］. 成都：西南财经大学出版社，2018.

一、文化认同是一次原始感情的破壳

“民以食为天”。味蕾上的记忆最是顽固，人们无论走到哪里都有一个“故乡的胃”。正如人类学家、美籍华人张光直所说：“就华人而言，或许与任何其他族群相比，食物是一个更重要的族群特征，这是华人族群特性的基本事实。”

味觉记忆作为一种独特的记忆，如同精神纪念馆一样，收藏的不仅是本能的饱腹感与满足，更是一种对食物背后的情感的执念与珍惜。无论是饕餮食客，还是平凡百姓，有时候享受美食，真正享受的是食物背后的那份真挚与平等。

在这本书里，捕鱼夫妇相依的背影，女孩捧着桂花糕时脸上明亮的微笑，昏黄灯光下独自进餐的馄饨店老板，依靠在墙边怅然望雨的远游子，能在一个瞬间打动人的，不是美食，而是平凡难忘的生活剪影，是最原始的感情：爱、责任、勇气、承担、奉献、牺牲等。真正的美好与舌尖无关，它关乎朴实的心灵。

于是感动的那个瞬间，我们觉得美食文化无比精妙，古人无比智慧，我们形成了强烈的文化认同感。正如：对每个离开家乡的中国人而言，食物成了爱国的最后阵地。他们可以强迫自己忘记环境，忘记周围的人，忘记曾经经历的一切，但是舌头和胃却出卖了他们的心。在尝到故乡味道的那一刻，藏在食物背后的那些被尘封在岁月中的美好记忆和浓郁乡情涌上心头，无数游子潸然泪下。这便是一种由味觉记忆维系的民族文化认同。

因此，文化在其中起的作用，像是“敲碎蛋壳”，把坚硬的蛋壳打碎，露出内里柔软的情感，然后给你看，这就是你我共同的情感，我们是一类人！这种情感是我们流传了上千年的文化带来的！

二、从习以为常走向仪式感

我在小的时候，见过手工制作爆米花的过程。不同于现在电影院里香气浓郁的奶香和爆米花机里鹅黄色的灯光，在我的记忆里，手工制作爆米花大抵是这种朴实的模样：黑色的像葫芦一样的某种炉子，被走街串巷的老师傅扛着，放在街角，后面连着长长的布口袋。老师傅装好手摇的风箱，抓一把生玉米粒铺在簸箕里，颠动两下，杂物和灰尘都被扬了出去。接着，他把金灿灿的生玉米倒进炉子里。伴随着呼哧呼哧的鼓风声，直到“嘭”的一声……一袋子爆米花就这样成了。小时候，我玩累了的时候，会搬着板凳坐在老师傅旁边看一下午，后来上学了，奔走在学校和家之间，再也没有注意过街边的老师傅。穿着一件灰夹袄，戴着一顶黑毡帽，坐在小木墩上摇动着乌黑的爆米花机，这是我童年里大冬天除了下雪之外最大的欣喜，也是我对爆米花这一零食最早的记忆。

直到很多年之后，我终于又一次见到这种手艺，是在《舌尖上的中国》。在镜头下，它仿佛换了一副面孔，不再是记忆里土旧的模样，而是显得古老、有趣、神奇，成为一种美食文化的载体和印记，甚至丝毫不逊色于日本寿司的精工细作。

但是我敢肯定，若没有这部纪录片提供的新视角，在我心里，日本寿司和街边爆米花是无法相提并论的。日本寿司饱含着日本厨师的匠人精神和对食物一丝不苟的执着，而街边爆米花，仿佛并没有什么深切的寓意。

很多时候，我们对文化的挖掘和感受就是这样错过的吧。课本上标注着必背的古文诗词，在课外补习班列表里混得风生水起的各种民族乐器，暑期霸屏的古装正剧……明明是这样典型的文化载体，却因为太过典型而变得平常，又因为平常，我们对其视而不见。我们绞尽脑汁地想象着长袖薄衫、古风盎然的“古典文化”，却忘记了身边的一些东西，才最具鲜活的文化精气。这样舍近求远的文化态度，让我们一边烦恼现实中没有文化载体，一边又对现实生活中的文化符号视而不见。

有学者提及，中国人对司法程序缺少一种仪式感。其实何止司法程序，中国人对自己的文化有时也缺乏一种仪式感。仪式感是横跨现实与精神的天桥，举手投足、目光流转间，是仪式感让原本虚无缥缈的精神价值得以固化，成为我们在形成自我认同时所扎根、所攀附的基石。但如今的社会似乎变得太快，快到来不及留一秒的余裕给自己的内心，去默默凝望那仪式之美。就像爆米花，我在潜意识中早已把它当成零食，而不是将它看作一种庄重而正式的文化传承物去敬仰。

习以为常、见怪不怪，这大概是两个最残忍的词语，可用来形容当下社会又是如此贴切。我们是看不到美，只看到有某种用途和功能的一群人。食物就只是味觉，乐器就只是声音，诗词就只是言语，我们将它们当作谋生的手段，提高自己身价和品位的途径，以及闲来无聊、打发时间的方式，很少有人会去追究其中的寓意。我们忽视了这些要素背后蕴含的传统文化。

与此同时，我们又如此狂热地向往着我们所不了解的陌生事物，谈起日本寿司，那就是匠人精神与精益求精的标志；说到法国皮革，那就象征着一份家族事业的传承和坚忍执着工匠精神；提及瑞士手表，那也一定代表着每道工序都凝神聚力与追求极致的职业品质。这些事物因为陌生而显得新颖和高档。这大概就是重形不重意的问题吧！

而我们追求的，就是一个从习以为常到具有仪式感的过程，把日常从世俗化的生活中剥离出来，重形且重意，重归途也重来处。

三、展示传统文化美的有效途径

我国的纪录片一直被认为是高品位的电视节目，被认为是“一群精英制作出来给另一群精英看”的电视节目，因此受众一般较少，影响力往往有限。而《舌尖上的中国》则形成了一种新的媒体传播模式。不同于传统纪录片的“高冷气质”，它与人们的日常生活息息相关，更容易勾起观众心底的温柔，更容易引起受众的共鸣与认同。而这才是传播文化的有效途径。

因此，我认为我们一直以来都缺乏一种展示传统文化美的有效途径，缺乏对文化符号背后象征意义的挖掘。这不是在语文课本上多加几篇古诗那么简单，而要从当代人的日常生活中去挖掘这种文化传承的影子，或者把看似很遥远的文化形式送到你面前，指着给你看：你瞧，这就是你心中认同的文化，它离你这么近。你一直被文化所孕育着。它包罗万象，你想要的它都有。它早已融入你的血脉和脊髓，只是你不自知罢了。

党的十八大以来，习近平总书记在多个场合谈到中华优秀传统文化，表达了自己对传统文化、传统思想价值体系的认同与尊崇。面对现下整个社会的浮躁风气，一些媒体人开始主动寻找契合点，传播文化符号背后的意义。

《舌尖上的中国》《我在故宫修文物》等出彩的纪录片，仿佛撕开了巨大的铁幕的一角。我才发现，当我们用敬畏、严肃的态度去对待事物，把所有的日常世俗生活仪式化之后，原来看似简单的食物也可以是一个民族的文化传统、伦理道德、审美情趣的最生动的体现，原来柴米油盐、酸甜苦辣背后也烙印着生活智慧，渔民、麦客、蜂农这样普通的从业者也有对生活的炽烈的热爱和追求。我才发现，修复文物这项枯燥的工作也可以变得有趣与迷人。记忆中，庄严肃穆的故宫里，有这样一群手艺人，他们朝九晚五，有时加班，养一只野猫，他们和我们一样都是平凡的工作者，但是在瞬息万变的社会里把生活过成了一种享受。我才发现，原来中华优秀传统文化中那种“非宁静无以致远”的心境离我这么近，这么真实。我才发现，原来中国人也有匠人精神，也有对职业的热爱和笃定。

所以说，究竟什么是文化自信？

我想，文化自信要求我们有一双眼睛，这眼中要有审慎而包容的目光，追溯着千年历史的脉络，像大浪淘沙一样，挑拣那些原本熠熠发光的古物，拂去它们身上的尘土，重新审视它们所蕴含的中国价值与中国精神，重新审视它们跨越千年历史与你产生的共鸣。而那一刻的共鸣所带来的文化认同，就是值得我们增强文化自信、产生文化骄傲的意义。

小贴士： 读书的境界就是人生的境界。作者从文化诱惑中品味出文化自信，这是学思结合、切己体察、求精求当的阅读结果。读懂文字、读懂思想、读懂生活，读出境界，这些才是读书人的真正追求。